川井健――著
良永和隆――補筆

民法案内

13 事務管理・不当利得・不法行為

keiso shobo

はしがき

本書は、民法案内の財産法の最後の部分である。できるだけ我妻榮先生のご方針に沿うように努めたつもりである。

我妻先生のご著書の補訂と続編を担当してつくづく思うのは、我妻先生の偉大さである。民法案内シリーズは、我妻先生の最後のお仕事であった。長年の講義の経験を生かして、わかりやすく、しかも鋭く問題点を指摘し、説得力のある仕方での叙述は、余人の追随を許さないものである。弟子の私として恥じ入る次第である。

我妻先生は、ご逝去の直前まで、製造物責任の立法化をめざして、製造物責任研究会を主宰しておられた。私は、その研究会の幹事を務めさせていただいていた。本書でも取り上げた製造物責任法は、我妻先生の没後ようやく成立した。私にとっても、思い出深い立法である。

この民法案内のシリーズを通して、我妻民法が後世に永く伝わることを切に願うものである。

本書の出版に際しては、勁草書房の編集部部長竹田康夫氏にたいへんお世話になった。心から同氏に御礼申しあげる。

（平成二三年七月記）

川井　健

補筆　はしがき

恩師・川井健先生が亡くなられてから、今日でちょうど一年になる。亡くなられる少し前、最後となってしまったお見舞いに伺ったときにも、先生の病室のベッド横には本書の原稿および初校刷が積まれていた。起き上がるのも困難な状況のなか、文字通り、最期まで死力を尽くし情熱をかけて本書の執筆・完成に取り組んでおられるお姿をみて、真の学者とはこうあるべきものかと感銘を受けた。そして、本書が、この民法案内シリーズを始められた我妻榮先生と同様、一生を民法の研究に捧げられた川井健先生の遺作となった。

川井先生は、先生の師である我妻先生においても遺作となった「民法案内第一一巻」の後を引き継ぎ、少なくとも財産法分野を完成させたいとの意欲をもって、本書（民法案内第一三巻）を執筆された（なお、未刊ながら、第一二巻の契約各論下巻の原稿も残されている）。

主な内容や骨格はほぼできあがり、すでに「はしがき」の草稿（前掲）も用意されていたが、表現や内容にさらに手を入れ修正・補充して、完成されるおつもりだったようで、校正刷には文章の手直しのためのメモや書き込みが多数あった。先生ご本人で完成にたどり着けないままに亡くなられてしまったのは残念でならないが、「後はすべてお任せするよ」との先生のご遺志を受けて、不肖の弟子である私が、先生のメモ書きを頼りに補筆したのが本書である（一部骨子・骨格のみで文章としては完成していないところなど、先生の著作（有斐閣の「民法概論」等）を参考にして、補ったところもある）。

法律書の世界で「補筆」はあまり例がないと思われるので、違和感を感じられる方もおられると思うが、あくまで川井先生の意図・ご意向に沿うように、未完だった部分を補って執筆したということから、出版社からご提案いただいた「補訂」ではなく、「補筆」とした。

我妻先生の民法案内（第一巻から第一一巻まで刊行）は、今日でも広く読まれていて、私は、これほどの名著名作はないと思っているが（民法を教える立場の者もすべからく講義する前には、「我妻・民法案内」の該当部分を読んでから、その講義にのぞむべきだと思っている）、これを引き継いだ川井先生の本書は、我妻先生のものとはまた違った川井先生らしさのある川井健風の民法案内となっている。

川井先生の遺作、最期の作品である本書が我妻先生の民法案内とともに、広く読まれることを願っている。

平成二六年五月一五日（川井健先生の一周忌の日に）

良永和隆

目次

序章　法定債権

一　法定債権とは

ようやく財産法の最後の巻にたどり着いた。本巻では、法律上当然に債権が発生する「法定債権」の三種類を扱う。

売買契約から売買代金債権が発生するように、当事者の合意（契約）によって債権が発生するものが「約定債権」であるが、本書は、約束ではなく、法律上当然に発生する債権（当然といっても法律上の定められた要件を満たせばだが）である法定債権を扱う。これには事務管理・不当利得・不法行為の三つがある。つまり、債権の発生原因は、約定債権である「契約」と法定債権であるこの三つのあわせて四つがあり、この四つを扱う分野が「債権各論」ということになる。

第一章　事務管理

第一　事務管理の意義

二　事務管理とは

なんらかの契約があれば、それに基づいて債権（権利）・債務（義務）が発生するが、当事者間に約束がなくても、債権・債務（権利・義務）が発生することがある。法律上の義務がないところに、法律上の義務が発生するといえば、読者のみなさんは奇妙に感じられるかもしれない。それは、たとえば、こうである。隣人が旅行か何かで出かけている留守中に、暴風雨で隣家の屋根や窓が破壊されたからといって、頼まれたわけでもなければ、屋根や窓を修理してやる義務があるわけではない。そもそも他人の家に入って、手を加えると違法で不法行為にすらなる可能性もある。しかし、民法は、こうした本人に有益な行為をした者の行為を適法とみて、また、かかった修理費などをその修理された家の持ち主に支払う義務があるものとした。反対にいえば、修理した人にはその修理費を請求できる権利を認めたわけである。

このように、義務なくして他人のために事務を管理することによって債権が発生する法律関係を事務管理という。義務なくして他人のために事務を管理するというのは、好意的に行為をすることを意味する。一般的には、人は、他人の生活領域には干渉しないという原則がとられているが、前例のように社会生活のうえで場合によっては義務がないのに他人の事務を好意的に処理することがありうる。それが他人の生活領域への介入になるとして違法だというのはいきすぎであり、むしろそれを適法な行為とみたうえで、その場合に生ずる費用の問題などを合理的に解決したほうが妥当であるという考え方に基づいて、民法は、事務管理を一定の要件の下に適法とみてその後始末の問題を扱ったわけである。

このように、第一に、民法は、社会における相互扶助の精神に基づく好意的な事務の処理を最小限度合法的なものとしてとして処理しようとするのであるが、第二に、事務管理を推奨するという場合もある。遺失物法二八条、水難救護法二四条二項、海難救助に関する商法八〇〇条がそうであって、これらは事務管理を奨励するためにそれぞれの行為者に報酬請求権を認めている。遺失物法二八条についていえば、遺失者は遺失物を拾得して届けた者に対して報労金を支払う義務を負うとするのであるが、それは、遺失物を拾得した人に届出を推奨するという考え方に由来する。

さらに、第三に、特別法によっては、事務管理の義務を認めるものがある。水難救護法二条一項は、遭難船舶を発見した者の報告義務を定め、船員法一四条は、船舶等が遭難した場合における人命救助義務を定めている、などである。

三 事務管理の法的性質

事務管理は、他人のためにする意思で行われるが、法律行為ではなくて、準法律行為であると理解される。もとより事務管理としての法律行為が行われることもあるが、それは、事務管理の手段としての法律行為にすぎない。事務管理の効果は、行為者の効果意思によるのではなく、法律によって定められる。したがって、そこで法律行為（意思表示）に関する規定は、事務管理には適用されない。心裡留保、虚偽表示、詐欺、強迫、代理、無効、取消しなどの規定は適用されない。錯誤についても同様であり、後述するように（五2参照）、Aの事務をBの事務と誤信して管理した場合には、Aにつき、事務管理の成否を問題にすれば足りるのであり、錯誤の規定である九五条を適用する必要はない。意思能力は、本人については必要としないが（意思無能力者に代わって行った相続税の申告・納付が事務管理に当たるとした最判平成一八年二月一四日判時一九四六号四六頁がある）、他人の事務を行う管理者については、他人のためにする意思は必要であるから、そのための意思能力は必要であると解されている。

事務管理者の行為能力の要否については学説が分かれ、行為能力は、本人についても、管理者についても必要としないという行為能力不要説が従来の通説であったが、制限行為能力者に事務管理上の義務を認めるのは酷だから、その保護のために、事務管理者の行為能力を必要とするという行為能力必要説がある。また、無権代理に関する一一七条二項の規定を類推適用して、制限行為能力者である事務管理者の責任を軽減して、制限行為能力者は、不法行為・不当利得上の責任のみを負うとする一一七条二項類推適用説も有力である。制限行為能力者の保護のためには、その責任を軽減する行為能力必要説が妥当と思われる。

四　事務管理と他の制度との関係

1　事務管埋と委任との関係　事務管理は、委託のない委任といわれ、その効果において委任に類似する。委任が契約であるのに対して、事務管理は、契約を前提としない法律関係である。その効果については後述するが、契約上の効果に比べ事務管理の効果の範囲は狭い。一例として報酬請求権は、委任には認められうるが（六四八条二項・三項）、事務管理には認められない（詳しくは後述する）。

2　事務管理と不当利得との関係　事務管理は、費用の償還請求権を発生させるのに対して、不当利得は、利得の返還請求権を発生させる。一般的にいえば、不当利得における利得返還請求権の範囲は、現存利益などによって制約されるので、事務管理に基づく費用償還請求権の範囲のほうが広い。

第二　事務管理の要件

事務管理の要件は、義務なく他人のために事務の管理を始めることである（六九七条一項）。要件をそれぞれ分けて、説明しよう。

五　事務管理の要件

1　他人の事務の管理であること（他人の事務）　自己の事務でない「他人」の事務の管理をすることが必要である。その他人は、自然人であっても、法人であってもよい（公法人につき大判明治三六年一〇月二二日民録九輯一一一七頁）。その他人が誰であるかを管理者は知っている必要はない。

客観的にみて自己の事務に属する事務を「客観的自己の事務」といい、その場合の管理は事務管理とはならない。これと異なり、他人がけがをしたときに、その治療をするというように、明確に客観的に他人の事務に該当する場合の事務を「客観的他人の事務」といい、この場合に事務管理が成立することはいうまでもない。これに対して、屋根や窓を修理するための材料など、物を購入する行為のように、一見したところ自己の事務か他人の事務かが判然としない場合の事務を「中性の事務」といい、この場合は管理者がどういう意思で管理をするかという主観によって事務管理の成否が決定されることになる。その意思は、表示する必要はないが、当該管理にあたって客観的に推断されることを要する。

「事務」はすべての事務を含む。法律行為に限らず、隣家の修理のような事実行為であってもよい。その事務が一回の行為で完結するものでも多少の時間継続するものであってもよい（大判大正八年六月二六日民録二五輯一一五四頁）。

事務の「管理」は、保存・管理行為に限らず、本人の財産の処分（大判明治三二年一二月二五日民録五輯一一巻一一八頁）や契約の解除（大判大正七年七月一〇日民録二四輯一四三二頁）のような処分行為を含む。ただし、その処分行為が本人について効力を生ずるには、本人の追認を必要とする（前掲大判大正七年七月一〇日）。

他人のために事務の管理を「始めた」というのは、事実上管理に着手したことを意味する。前述の処分行為のように、事務管理が本人について効力を生ずるために追認が必要とされることがあるが、そのときでも、事務管理の成立は追認時とみる（大判昭和一七年八月六日民集二一巻八五〇頁）べきではなく、管理の着手時とみるべきである。

2　他人のためにする意思があること（事務管理意思）　管理者に、他人のためにする意思があることが必要である（六九七条一項）。自己のためにする意思でしたときは事務管理は成立しない。ただし、他人のためにする意思があれば、あわせて自己のためにする意思があっても事務管理は成立する（前掲大判大正八年六月二六日）。

他人のためにする意思があるかどうかは、客観的に判定される。事務管理の法的性質につき述べたように、たとえば、Aの所有建物と信じてAのためにする意思で修理をしたが、実はその建物がBの所有であったというときでも、客観的にはBのためにする意思があるとみて事務管理が成立する。

かかった費用等を本人に償還をする意思がない場合はどうであろうか。贈与意思との関係の問題として論じられる。扶養義務者が扶養義務を履行したような場合につき、ドイツ民法は、一定の要件の下に事務管理の成立を否定するのであるが（六八五条）、わが国でも償還をしない意思があるものとみて事務管理の成立を否定する学説が有力である。ただし、他にも扶養義務者がいる場合、その者との関係では事務管理は成立しうると考えられる。これに反対の判例もあるが（大判大正五年二月二九日民録二二輯一七二頁）、非嫡出子をその母が扶養しないときにその子が死亡するまでその子を事実上扶養した者（母の養父）が母に対して養育費等の償還請求権を有するとした判例がある（大判昭和三年一月三〇日民集七巻一二頁）。

3　義務がないこと（法律上の義務の不存在）　事務管理者には、法律上の義務がないことが必要である。法文も「義務なく」と定めているが（六九七条一項）、法律上の義務があれば契約や法律の規定に基づきまさにすべきことをしたことになるので、その効果は契約や法律の規定によって決められる。

義務があるが、その義務の範囲を超えた行為をするときは、その超過部分につき、事務管理が成立しうる。共有者の一人が他の共有者が負担すべき費用を支払った場合には、他の共有者との関係では事務管理が成立する（前掲大判大正八年六月二六日）。不当利得に関する判例だが、複数の扶養義務者のうちの一人だけが全部の義務を履行した場合には、他の義務者との関係では負担した費用の返還請求権が認められるとする判例（最判昭和二六年二月一三日民集五巻三号四七頁・基本判例376）は、事務管理の考え方から理解することができる。

第三者との関係では義務があるが本人との関係では義務がないときも、事務管理は成立すると解されている。債務者からの委託を受けないで保証人となった者は、債権者との関係では保証契約によって法律上の義務があるけれども、債務者との関係では義務はないので、事務管理になる（大判昭和六年一〇月三日民集一〇巻八五一頁）。また、連帯債務者ＡＢのうち内部的に負担部分を負わないＡの弁済がＢに対する関係では事務管理になるとする判例がある（大判大正五年三月一七日民録二二輯四七六頁）。

4 本人の意思に反しないこと、または、本人に不利なことが明らかでないこと　事務の管理が本人の意思に反しないこと、または、本人のために不利なことが明らかでないことが必要である。後述するように、民法は、管理者の管理継続義務に関して、管理の継続が本人の意思に反し、または、本人のために不利なことが明らかなときは、この義務がないと定めているので（七〇〇条但書）、その条文の趣旨からみて、この要件が課される。この要件を満たしているかどうかは、事務管理がされた当時の事情によって決する（大判昭和八年四月二四日民集一二巻一〇〇八頁）。

もっとも、本人の意思が公序良俗に反したり、強行法規に違反するときは、本人の意思を無視して事務管理をしてよいと解されている（大判大正八年四月一八日民録二五輯五七四頁）。たとえば、自殺しようとする人を救助するのは、本人の意思に反するのではあるが、事務管理は成立する。

以上の通説と異なる学説もあるので、やや細かくなるが、簡単に紹介しておこう。第一に、「本人に不利なことが明らかでない」という要件を独立の要件としないで、それが前述した「他人のためにする意思があること」という要件の中に含まれているという学説である。これは、通説と結果的には違わない。

第二に、事務管理が本人の意思・利益に適合することを要するという学説がある。通説に比べて本人の意思・利益を重視し、それを事務管理の積極的要件とする学説である。この学説の中には、本人の意思を推知しうるときはそれにより、推知しえないとき、またはそれが公序良俗に反するときは客観的に最も本人の利益に適合することを要するという見解や、本人の意思に反するときは事務管理が成立しないとし、「本人の利益」については、七〇〇条但書が本人の意思と本人の利益とを同等に評価しているとみて、七〇二条三項を類推適用して本人の利益への適合が事務管理の要件となるという見解がある。これらの見解は、事務管理の成立範囲を限定することになるのであるが、社会生活における好意的事務処理の尊重という見地から通説に従ってよいと思われる。

第三　事務管理の効果

六　違法性の阻却
事務管理は違法性を阻却する。事務管理は、他人の事務への介入になるが、それは不法行為とはならない。それが事務管理の最小限度の効果である。

このほか、民法は、事務管理が行われたときに、管理者や本人にさまざまな義務が生ずるとしている。以下のとおりである。

七　管理者の義務

1　管理者の注意義務　事務管理者は、原則として、善良な管理者の注意義務を負う。つぎに述べるように、緊急事務管理の場合に注意義務が軽減されることから、その反対解釈として、管理者には原則として善良な管理者の注意義務が要求されると考えられる。

緊急事務管理の場合の注意義務について、例外がある。すなわち、管理者が本人の身体、名誉または財産に対する急迫の危害を免れさせるためにその事務の管理をしたときは、悪意または重大な過失がなければ、これによって生じた損害を賠償する責任を負わない（六九八条）。これは、不法行為における違法性阻却の一事由である。

2　管理者の管理継続義務　事務管理は、もともと義務のない行為ではあるが、いやしくも管理を始めた以上、それを中止すると本人が損害を被るおそれがあるので、管埋継続義務が発生する。すなわち、管理者は、本人か、その相続人や法定代理人が管理をすることができるに至るまで、事務の管理を継続しなければならない（七〇〇条本文）。刑法上の保護責任者遺棄罪（刑二一八条）の成否に関してではあるが、事務管理として引き取った病人を放置したためにその病人が死亡したときは、管埋継続義務の違反があるとされた（大判大正一五年九月二八日刑集五巻三八七頁）。もとより債務の弁済のように一回で終わる事務管理には、この義務は当てはまらない。

管理の継続が本人の意思に反し、または本人のために不利なことが明らかなときは、管理継続義務はない（七〇〇条但書）。前述したように、この場合の本人の意思が公序良俗、強行法規に違反するときは、それを無視して管理を継続してよい。

3　管理の方法についての義務　事務管理者は、事務の性質に従い、最も本人の利益に適合する方法によって、その事務の管理をしなければならない（六九七条一項）。管理者が本人の意思を知っているとき、またはこれを推知することができるときは、その意思に従って管理をしなければならない（同条二項）。事務管理は、他人の領域への干渉になるわけで、できるだけ本人の意思を尊重すべきものとされている。

4　管理者の通知義務　管理者は、事務管理を始めたことを遅滞なく本人に通知しなければならない。ただし、本人がすでにこれを知っているときは、この限りでない（六九九条）。いやしくも事務管理が行われると、本人はそれによって利益や不利益を受けるのであるから、管理者は、そのことを知らせる義務があり、それを怠ると債務不履行となる。

5　委任の規定の準用　委任に関する六四五条から六四七条までの規定は、受任者の義務を定めているが、事務管理にこれが準用される（七〇一条）。事務管理は、委託のない委任ともいわれる。委託があれば、契約上の委任が成立するのであるが、委託がない場合の他人の事務の管理が事務管理である。したがって、委任と事務管理とは共通性を有する。そこで管理者は以下の義務を負う。

第一に、管理者の報告義務がある。すなわち、管理者は本人の請求があるときは、いつでも事務処理の状況を報告し、また管理終了の後は遅滞なくその経過および結果を報告しなければならない（六四五条の準用）。

第二に、管理者の受取物引渡義務がある。すなわち、管理者は、管理事務を処理するに当たって受け取った金銭その他の物を本人に引き渡さなければならない。管理者が本人のために自己の名で取得した権利を本人に移転しなければならない（六四六条の準用）。

第三に、管理者の金銭消費の責任がある。すなわち、管理者が本人に引き渡すべき金額またはその利益のために用いるべき金額を自己のために消費したときは、その消費した日以後の利息を支払わなければならない。この場合において、なお損害があるときは、その賠償の責任を負う（六四七条の準用）。

八 本人の義務

1 本人の費用償還義務 事務管理は、義務のない行為であるから報酬請求権は生じないが、他人のために管理をする以上、そうした事務管理にかかった費用だけは、本人に負担させる必要がある。その場合の費用の償還については、事務管理が本人の意思に反しない場合と反する場合とを区別し、前の場合には費用をできるだけ全額償還させ、後の場合は償還を制限している。本人の意思に適合してこその事務管理であるが、要件のところで述べたように、判例・通説は、本人に不利なことが明らかでない場合にも、事務管理の成立を認めているので、結果的に、本人の意思に反する場合でも、事務管理が成立する場合がある。しかし、償還にあたっては、こうした本人の意思に反しない場合と反する場合を区別するほうが合理的だろうと考えられたわけである。いずれの場合でも、費用償還請求権は、一〇年の消滅時効にかかる（一六七条一項）。

(1) 事務管理が本人の意思に反しない場合。これが普通の場合であろうが、管理者が本人のために有益な費用を支出したときは、本人に対して償還を請求することができる（七〇二条一項）。その費用が現存していなくてもその全額の償還を認める趣旨である。その趣旨からすれば、必要費は、当然これに含まれる。「有益」かどうかは、管理の当時を基準として判定する。したがって、償還請求時には、費用の支出が有益でなくなったり、事務管理として購入した物の価値が下がったりしていても、償還請求が認められる。この点で償還請求時の利益を基準とする不当利得と異なる。また、「有益」かどうかは、客観的に判定される。

費用を償還するについて、委任の場合には、それに利息を付しての償還請求が認められている（六五〇条一項）が、事務管理の場合はどうであろうか。利息の償還は認められるであろうか。委任の場合（六五〇条一項）と異なるとして、これを否定するのが判例だが（大判明治四一年六月一五日民録一四輯七二三頁）、有益費の完全償還を認めるべきであるとして、これを肯定する学説も有力である。

管理者が本人のために有益な債務を負担したときは、委任における受任者の代弁済請求権に関する六五〇条二項の規定を準用する（七〇二条二項）。その結果、管理者は、本人に自己に代わってその弁済をさせ、またその債務が弁済期にないときは、相当の担保を供させることができる。この代弁済請求によって生ずる本人の義務はあくまで事務管理者に対する義務であって、事務管理の相手方に対する義務ではないと解される。これと異なる立場に立った古い判例があるが（大判大正六年三月三一日民録二三輯六一九頁）、現在はそうした立場はとられないだろうと思われる。

(2) 管理者が本人の意思に反して事務管理をした場合。この場合は、本人が現に利益を受ける限度においてのみ、七〇二条一項の償還請求や同条二項の代弁済請求を認めるとされている（七〇二条三項）。本人の意思に反する場合には、償還の範囲を制限する趣旨である。請求時を基準として現存利益の償還を認める点では、後に述べる不当利得における善意の利得者への返還請求の場合と同一である。なお、事務管理が追認されたときは、事務管理が本人の意思に反しない場合と同様の扱いをしてよい。

2　本人の損害賠償義務　他人の事務を管理する者が管理するに際して損害を受けたときに、その損害について本人に賠償をさせることができるであろうか。たとえば、負傷者を救護して病院に運ぶときに自己の衣服が汚れたという損害の賠償は認められるであろうか。七〇二条は管理者が積極的に支出した費用について定めているだけで、損害賠償については定めていない（六五〇条三項は準用されていない）。したがって、通説は、管理者から本人への損害賠償請求は認められないと解しているが、認めてよいという反対説もある。しかし、汚れた衣服をクリーニングに出すというように、その損害を塡補するためには費用の支出が必要となるのであるから、このような損害も七〇二条の費用に含めてよいだろう。厳格には損害賠償であっても、このように「費用」を合理的に解して、そうした事務管理をするのにどうしても被らざるような損害はこれでカバーすることができるし、それが望ましいだろう。なお、本人に報酬請求できないことは前述したが、同じように「費用」の概念を拡張して、報酬請求も認めようとする学説もあるが、そこまで「費用」概念を拡張するのは解釈論としては無理ではないかと思われる。

九　事務管理の対外的効力

1　代理が成り立つか　事務管理者が自己の名でした管理行為の効果が本人に帰属しないことはもとよりだが（大判明治三七年五月一二日民録一〇輯六六六頁）、事務管理者が管理のために対外的に本人を代理して行為したらどうであろうか。内部的に本人と管理者との間に事務管理の要件を満たしていれば対外的な行為は有効な代理になるとみてよいだろうか。たとえば、Bが、暴風雨で壊れたA所有の隣家の屋根や窓の修理をAに頼まれないで、Aのために、Aの名前でCに修理を頼んだような場合である。事務管理が成立する場合には、BがCとした行為（請負契約）の効果が、代理があったと同様に、直接にAに帰属するとみてよいだろうか。判例は、この場合の代理の効力を否定しており、事務管理者が本人の名でした法律行為の効果は、当然には本人に及ぶものではなく、本人に代理行為の効力が及ぶためには、本人の追認が必要であるとしている（大判大正七年七月一〇日民録二四輯一四三二頁、大判昭和一七年八月六日民集二一巻八五〇頁、最判昭和三六年一一月三〇日民集一五巻一〇号二六二九頁・基本判例247）。これに反対し、適法な事務管理がされたときは代理の効果が生ずるとする学説や緊急の事務管理の場合には例外的に代理の効果が生ずるとする学説があるが、通説は判例を支持しており、事務管理の対外的効力は、代理という別個の法律関係になるところから、本人の追認の有無によってその効力を決め、追認があってこそ本人に効力を及ぶとするのが妥当だとしている。判例・通説を支持してよいと思われる。

2　第三者への損害賠償義務が認められるか　事務管理者が管理をするに際し第三者に損害を生じさせたとき、本人に責任があるであろうか。本人とその第三者との間には、その損害につき、直接の因果関係はないのであり、管理者の不法行為責任だけが認められて、当然には本人の責任は生じないと解されている。

第四 準事務管理

一〇 準事務管理の成否

外形的には他人の事務を管理しているが、他人のためにする意思がないとき、すなわち、自己のためにする意思で他人の事務を管理したときにも、事務管理の規定の類推適用すべきかどうかという問題がある。具体的にいおう。AがBに預けていた宝石が時価一〇〇万円だったとして、これをBが勝手にCに一二〇万円で売却したような場合である（前に物権で学んだことだが、Cが即時取得すれば、AはCから取り戻すことはできない（一九二条））。Aは、こうした勝手に自分の物を売ったBに対して、不法行為で損害賠償請求するか、不当利得で損失の返還請求をするかになるが、賠償請求できる損害も、返還請求できる損失も時価の一〇〇万円ということになるはずだが、それではBは二〇万円利益を得てしまう結果となる。この利益の二〇万円も吐き出させ、一二〇万円をよこせということはできないだろうか。

ここに事務管理の考え方を適用（類推適用）して、七〇一条が準用する六四六条の規定により、管理者（B）は、受け取った金銭（ここでの一二〇万円）をすべて本人（A）に引き渡すべきだと考える見解がある。この場合を事務管理に準じて「準事務管理」というわけである。

1　準事務管理肯定説　準事務管理を肯定する学説がある。準事務管理を肯定することにより、委任に関する六四六条の規定が準用され（七〇一条）、管理者は、受取物をすべて本人に引き渡すべきことになる。この準事務管理説は、ドイツ民法の規定（六八七条二項）を足掛かりとして展開されたものである。そして、もともとは他人が有する特許権を無断で利用して、莫大な利益を生じさせたような場合に、その利益をそのまま引き渡させようという狙いで主張された学説であった（不法行為や不当利得では、損害や損失の証明が容易でないということがある）。

準事務管理を肯定する学説の中には、Bが自己のためにした行為をAが自己のためにした行為とみなすことができるという商法上の介入権（商五五五条・五六五条等）と同様、管理者が自己のためにした行為を、本人は、自己のためにした行為とみなすことができるとするものもある。さらに、準事務管理ということばを用いるかどうかはともかくとして、他人の権利を無断で利用した者に対する制裁としてその者は得た利益を被害者に引き渡すべきだとする学説もある。

2　準事務管理否定説　これに対して、従来からの通説は、こうした準事務管理を認めない（準事務管理否定説）。前例にみられる特許権の無断利用による莫大な利益は、その利用者の能力や才能にかかるところが大きいので、もし得られた収益をすべて本人に帰属させることになると、管理者の才能を無視することになって、その結果は必ずしも妥当とはいえないことから、準事務管理の概念を否定し、そうした問題は、不法行為や不当利得によって解決したほうがよいとする考え方である。

前述したように、不法行為によって解決するとすれば、管理者は、本人の権利を利用して本人に損害を被らせたことになるので、本人が受けた損害の限度で管理者は賠償責任を負い、そのために得た利益のすべてが本人の損害になるとはいえない。また、不当利得で解決するとすれば、本人の受けた損失の限度で利得を返還すべきことになるので、やはりすべての利益を本人に帰属させる必要はないことになる。もっとも、損害や損失の証明は必ずしも容易ではないが、実際上、管理者の得た利益は、通常は本人の損害または損失と認められ、本人はその賠償または償還を請求することができようが、管理者の特殊な才能による利益は償還させないほうが公平に適するとされる。なお、この学説（否定説）によるときでも、いわゆる準事務管理を本人が追認すれば普通の事務管理になり、本人は費用償還義務を負うとされる。

判例では、船舶の共有者の一人Bが他の共有者Aの同意を得ないで自己の持分とともにAの持分を他に売却する行為は不法行為となるが、Aが後日その売買行為を承認したときは、事務管理の法則により、Aは、七〇一条・六四六条に基づいてBがAの持分を売却して受け取った代金の引渡しを請求することができるとしたものがある（大判大正七年一二月一九日民録二四輯二三六七頁）。この判例は、準事務管理説によると、準事務管理の成立を認めたものであると解されている。

実際には、準事務管埋は、右にあげた例にみられるように、特許権の利用のような場合に問題になることが多いが、その場合については、後に述べるように、特許法に特別の定めがある。それ以外の領域における他人の権利の無断利用は、一般的にいえば他人の事務への違法な介入となり、その場合には、事務管理に準じて管理者の得た利益は本人に帰属させるのが妥当である。前述したように、他人の権利を侵害した者に対する制裁として準事務管理説を位置付けるという学説が有力となっているが、この見解に従ってよいと思われる。

二　特許法一〇二条一項との関係

特許法は、特許権の無断利用の場合につき、損害の額の推定を定めている。すなわち、「特許権者又は専用実施権者が故意又は過失により自己の特許権又は専用実施権を侵害した者に対しその侵害により自己が受けた損害の賠償を請求する場合において、その者がその侵害の行為を組成した物を譲渡したときは、その譲渡した物の数量に、特許権者又は専用実施権者がその侵害の行為がなければ販売することができた物の単位数量当たりの利益の額を乗じて得た額を、特許権者又は専用実施権者の実施の能力に応じた額を超えない限度において、特許権者又は専用実施権者が受けた損害の額とすることができる。」(一〇二条一項本文)。それは、特許権者が受ける損害額が不明確なときには、特許権を無断使用した者が受けた利益はすべて特許権者の損害になるとするものであり、結果的には、準事務管理の成立を認めたことになっている。ほかにも、特別法で手当てがされている場合が多い(実用新案二九条一項、意匠三九条一項等)。

第二章　不当利得

第一　不当利得の意義

これまでにも不当利得返還請求は出てきたが、大雑把にいって、不当に得た利得は（損失を被った者に）返さなければいけないというわけである。正確にいおう。法律上の原因がないのに他人の財産または労務によって利益を受け、そのために他人に損失を及ぼした者が、その利益を返還する義務を負う制度を不当利得という（七〇三条以下）。一方において利益を受けた人がおり、他方において損失を受けた人がいて、その利益と損失との間に因果関係があり、しかもその利益については法律上の原因がないことを要件として、利益を受けた人は損失を受けた人に対して利益の返還の義務を負う。①利得（受益）、②損失、③因果関係、④法律上の原因（がないこと）がポイントである。

三　不当利得とは

「なんぴとも他人の損失において利益をあげることは許されない」という法諺があるように、それはローマ法以来認められている古い制度である。ただし、ローマ法では、非債弁済のような個別的不当利得が認められていたにとどまったが、一九世紀後半以降、とりわけ、ドイツ民法およびスイス債務法において、不当利得は統一的制度として確立するに至った。わが民法も、これを踏襲し、非債弁済（七〇五条）、期限前の弁済（七〇六条）、他人の債務の弁済（七〇七条）のような個別的不当利得（後述の持殊不当利得）のほか、一般的不当利得（七〇三条・七〇四条）を定めている。

一三 不当利得の根拠

不当利得の根拠は何であろうか。どんな場合になぜ不当利得で返還が認められるかである。学説は分かれている。

第一に　公平説がある。すなわち、不当利得の根拠を公平（正義、衡平ともいわれる）に求めるのが伝統的な考え方である。法律上の原因がないのに他人の損失において利益をあげることは公平の観点から許されないのであって、この考え方に基づいて不当利得の返還請求が認められるとする。公平か公平でないかといっても、判断基準としては分かりにくい。そこで、近時は、第二に、類型説が有力である。不当利得を類型ごとに具体的にその基準を考えていこうという立場である。この類型論にもいくつかの考え方が提案されているが、その中では、不当利得の成立する場合を契約上の給付があった場合（給付利得）とそうでない場合（財貨利得ないし非給付利得）の類型に分け、各類型に応じた基礎付けをしようとする学説が有力となっている。

後に検討するように、契約関係の清算としての不当利得と契約関係がない場合の不当利得とは、効果を異にすると考えられるので、公平を根拠としつつも類型説が妥当と思われる。

一四 不当利得の性質

不当利得は、法律行為に基づいて生ずることもあり、また単なる自然の事実によって生ずることもある。いずれにしても、不当利得は、法律上の原因がない利得の返還という制度であるから、契約や不法行為を前提とするものではなく、法律関係がない当事者間においても、一方で法律上原因のない利益、他方で損失があり、両者間に因果関係があれば、利得の返還の権利義務が発生する。それは、人の行為とは無関係な一種の事件の性質を有する。

一五　不当利得の類型

不当利得が成り立つ各種の場合を検討してみると、そこに二つの類型が区別される。

第一に、給付利得である。給付がされたが、その給付の原因となった法律関係が存在しなかったような場合である。すなわち、何らかの契約関係があってその契約関係の清算の対象である利得を意味する。その利得の返還は、財貨が移転する秩序に対応した返還であるとされている。たとえば、契約があって、それが解除されたときには、原状回復の義務が発生するが（五四五条一項）、それは、契約関係の清算であって、その場合の利得の返還は、給付利得の返還の典型的場合に該当する。さらに、契約が成立したが、それが無効であったという場合には、やはり原状回復義務が発生するが、それも給付利得の返還に該当する。契約が取り消された場合も同様である。これらの場合は、いずれも契約の清算関係であるから、契約のいわば巻き戻しという法律関係になる。当初は契約の成立を前提として給付が行われるのであるが、逆に給付の原因が最初から成立しなかったり（無効の場合）、後にその原因が消滅する（取消しの場合）ことによって、いったんした給付をもとの状態に巻き戻していくという関係になる。

第二に、財貨利得（ないし非給付利得）である。すなわち、契約関係がなくてもっぱら他人の財貨によって受けている利益を意味する。他人の所有する物を盗んでこれを占有して利益をあげるときには、その物および得た利益を返還しなければならないが、この場合の返還すべき利益は、財貨利得に該当する。このような契約関係がない場合の利得の返還関係については、民法上占有の箇所に規定がある。すなわち、占有者の果実の返還義務（一八九条以下）や占有者の損害賠償義務（一九一条）が定められている。このように契約関係がなくて他人の財貨から利益を受ける関係は、主として占有の規定によって処理することになる。このような財貨利得の返還は、侵害された利益の返還であるから、契約関係の清算である給付利得の返還とは異なった原理に基づいて行われると考えられる。

一六　契約上の義務と不当利得との関係

さて、不当利得と契約上の義務とはどのような関係にあるだろうか。契約上の本来の義務については不当利得の問題ではなく、契約の規律による。たとえば、賃貸借における賃料債務がそうである。不当利得は、契約終了後や契約外の関係において成立しうる。不当利得は、他の法的手段がないときに適用される最後の手段であるという考え方を不当利得（返還請求権）の補助性（ないし補充性）といっている。この考え方によれば、契約上の権利義務があればそれがまず適用されるということになる。

賃貸借契約が終了した場合における賃借人の賃借物の返還義務については、一方では、契約上の返還義務があるが、他方で不当利得による返還義務もありうる。この場合には不当利得に基づく返還義務と契約上の返還義務とは両立しうるというのが通説であるが、契約上の返還義務のみが成立するという学説もある。

一七　所有権に基づく返還請求権と不当利得との関係　右の例で、賃貸人が目的物の所有権を有し、賃借人に返還を求める場合には、賃貸人の物権的請求権に基づく返還請求権と不当利得に基づく返還請求権とが競合することになる。この場合にも二つの請求権の競合を認めるのが通説であるが、物権的請求権に基づく返還請求権のみが成立するという学説もある。この学説によるときでも、少なくとも占有者が得た利得は、不当利得の問題として返還請求の対象となる。

一八　不法行為と不当利得との関係　不当利得と不法行為とは、それぞれ目的を異にしているが、両者が併存することは可能であって、一方で不法行為に基づく損害賠償請求権が認められ、他方で不当利得に基づく返還請求権も認められる。たとえば、他人の土地を不法占拠して使用したり、他人の物を侵奪したような場合である。

第二　不当利得の要件

一九　不当利得の要件　不当利得の要件は、第一に、受益があること、第二に、損失があること、第三に、受益と損失との間に因果関係があること、第四に、法律上の原因がないことである。

二〇　受益（第一の要件）　受益には第一に、積極的利益がある。「利益」については、所有権その他の物権を取得するとか、付合の規定（二四二条）によって所有権の取得があるとか、他人の物を占有することによる利益があるというように積極的に財産が増加するという積極的利益が、まずこれに該当する。

受益の第二には、消極的利益がある。本来放置していたら減少していたであろう財産を他人が保存してくれたために減少しなかったとか、支出するはずであった費用を他人が立て替えてくれたために負担を免れるという消極的利益もこれに該当する。

二　他人の財産または労務による利益

利益は、他人の財産または労務によることが必要である。「他人の財産」は、広義に解され、すでに現実に他人の財産に帰属しているものだけではなく、当然他人の財産としてその者に帰属すべきものを含む。たとえば、先順位の抵当権者が実際よりも多くの配当を受けたときは、後順位の抵当権者は、その先順位抵当権者に対して不当利得返還請求権を有する（最判昭和三二年四月一六日民集一一巻四号六三八頁）。

また、たとえば、BがAから金銭を借りる消費貸借契約をし、BがAにその金銭をCに交付するように指示して、AがCに交付したときは、その利益はBが得たと考えられる。この金銭消費貸借が無効であったり、取り消されたりしたら、その利益はBの不当利得となると考えよい。ただし、やや特殊の例であるが、BがDの強迫でAとの間で消費貸借契約を結ばされ、Dの指示でCに金銭を交付（給付）された事案につき、Bは右給付により利益を受けなかったものとした判例がある（最判平成一〇年五月二六日民集五二巻四号八九五頁）。

三　受益の方法

利益の受け方には、制限がない。法律行為によることもあれば、事実行為によることもある。また、他人を通じて利益を受ける場合がある。損失者の行為によって利益を受ける場合、受益者の行為によって利益を受ける場合および両者の行為によって利益を受ける場合がある。代理人を通じて本人が利益を受けるときでも不当利得が成立する。

二三　損失（第二の要件）

不当利得の第二の要件として、他人に損失を及ぼすことが必要である。他人の財産が減少するという積極的損失の場合と本来増加するはずの他人の財産が増加しなかったという消極的損失とがある。これには、他人の増加すべきであった財産を不増加にさせた場合をも包含する（競売における売却代金を誤って他人に配当した事案につき、大判大正三年七月一日民録二〇輯五七〇頁）。

また、銀行が共同相続財産の預金債権につき共同相続人の一人に全額を払い戻した場合に、他の共同相続人はその預金のうち法定相続分に相当する部分に相当する金員の損失を被ったとされる（最判平成一七年七月一一日判時一八一一号九七頁）。

二四　利益と損失との間の因果関係（第三の要件）

不当利得の要件の第三として、他人の財産または労務による利益と他人に生じた損失との間に因果関係があることが必要である。その因果関係がいかなるものかをめぐって学説が分れる。

第一に、直接的因果関係説（直接性説）がある。すなわち、利益と損失との間の因果関係は直接のものであることが必要だとする学説がある。AがBに金銭を交付したように、二当事者間の財貨の移動にはAの損失とBの利益には「直接の」因果関係があるが、たとえば、BがAから受け取った金銭をCに交付したように、AC間に中間に第三者の独立の行為が介在すると、Aの損失とCの受益の間に直接の因果関係は認められず、AからCへの不当利得返還請求権は認められないということになる。

第二に、社会観念的因果関係説（社会観念説）がある。すなわち、社会観念上因果関係があれば足りるとする学説（我妻）がある。直接の因果関係では狭すぎるとし、社会観念を導入し、社会観念上因果関係があるときには、不当利得を認め、不当利得の成立範囲を広げるべきだとするものである。

第三に、因果関係緩和説がある。すなわち、二当事者間では、因果関係は要件として実質的機能をもたず、多当事者間では、受益と損失が一個の財貨移転によって発生したことが立証されれば関連性を認めてよいとして、因果関係を緩和する学説である。やや分かりにくいかもしれないが、要するに、二当事者ではなく、多当事者間の不当利得では、受益と損失が「同一の事件によって発生している」という関連性があればよいとする説である（この点から、関連性説ともいう）。

判例は、古く社会観念的因果関係説により、因果関係は取引上の観念に従って確認できればよいとしていたが（大判明治四四年五月二四日民録一七輯三三〇頁）、その後は後述するように、直接的因果関係説の立場をとっている（大判大正八年一〇月二〇日民録二五輯一八九〇頁）。ただし、近時の判例で社会観念上因果関係説をとったとみられるものも現われている（最判昭和四九年九月二六日民集二八巻六号一二四三頁・基本判例248）。

思うに、直接的因果関係というのは硬直すぎるので、社会観念的因果関係説のほうが妥当な結果に至ると思われる。さらに、以下の判例をみると、因果関係緩和説（関連性説）が妥当と思われる。以下では、因果関係に関する事例をいくつか検討しよう。

三五　騙取金による債務の弁済

Aから金銭をだまし取ったBがその金銭を自己の債権者Cへの債務の弁済に当てたため、AがCに対して不当利得の返還を請求した場合には、Cの受益とAの損失との間にはBの独立の行為が介在して直接の因果関係がないから、CはAに対し不当利得の返還の責任を負わないとされた（前掲大判大正八年一〇月二〇日）。この判例の結論は妥当だが、金銭の性質上CがAの金銭による利益を得ているとはいえないことを理由とすべきであると考えられ、社会観念的因果関係という基準によったとしても因果関係は認められないと思われる。

その後も、Aから金銭を騙取したBがその金銭で自己がCに負っている債務を弁済した場合に、Cがこれを善意で受領したときは、Cの金銭の取得は、被騙取者Aに対する関係でも、不当利得とならないとした判例がある（最判昭和四二年三月三一日民集二一巻二号四七五頁）。

しかし、従来の直接的因果関係を求めた判例と異なり、社会観念的因果関係という基準によった判例も現われている。すなわち、AからBが騙取・横領した金銭を銀行に預け入れたり、費消したりした後、費消した金銭を補塡したうえでBがCに対して負っていた債務の弁済をした場合でも、社会観念上Aの金銭でCの利益を図ったと認められるだけの連結があるときは、不当利得の成立に必要な因果関係があるものと解した（前掲最判昭和四九年九月二六日）。そのうえで、この判決は、CがBから右の金銭を受領するにつき悪意または重大な過失があるときは、Cの金銭の取得は、被騙取者または被横領者であるAに対する関係では、法律上の原因がなく不当利得となるとしている。社会観念説を採用した判決であり、注目される。

二六　村長の村名義冒用行為

村長が村の名義を冒用して銀行から借り受けた金銭で村の債務を弁済したときには、銀行の損失と村の利得との間には、直接の因果関係があるとして不当利得の成立を認めた判例がある（大判大正九年五月一二日民録二六輯六五二頁）。社会観念的にみても因果関係があるといえるので、判決の結論は妥当である。

二七　転用物訴権

因果関係の有無に関しては、転用物訴権といわれる重要問題がある。Aの所有する物を賃借したBがその賃借物を第三者Cに修理をさせたが、BがCに修理代を支払わない場合に、修理したCは、所有者のAが修理によって利益を受けているとしてAに対して不当利得の返還請求ができるであろうか。他の例でいえば、Aの所有する建物の賃借人BがCとの間の請負契約に基づいてCにこの建物の修繕工事をさせたところ、その後Bが無資力になったためCがAに対して不当利得返還請求ができるかどうか。本来、Cは契約の相手方であるBに対して契約上の給付請求をすべきなのに、それを契約外のAに対する不当利得返還に転換して請求できるかどうかという問題である。

不当利得返還請求権の要件をゆるやかに解し、契約上の請求権の存在にかかわらず転用物訴権を肯定する転用物訴権肯定説があるのに対して、不当利得返還請求権の補助性を重視し、B・C間の契約関係で処理すべき問題を不当利得に転換した契約外の者に対する不当利得返還請求は認められないとする転用物訴権否定説がある。また、両説の中間説として、転用物訴権制限説（限定承認説）がある。

これは転用物訴権肯定説によりながら、不当利得返還請求権が認められる場合を制限し、Bの無資力を要件とし、Aが無償で利益を受けているという特段の事情があるときに限り不当利得返還請求を認めるという学説である。

判例には、転用物訴権肯定説をとるものがあったが、後にこれを制限するものが現われた。まず、ブルドーザー事件である。Aが所有する機械（ブルドーザー）をAからBが賃借して使用中にそれが故障したのでBが第三者Cに修理を依頼し、修理終了後、Bがこの機械を引き取ってAに返還したところ、Bが倒産して支払能力がなくて修理代を支払わないので、CがAに対して不当利得の返還を請求したという事件である。判例はこの不当利得返還請求を認めた（最判昭和四五年七月一六日民集二四巻七号九〇九頁・基本判例249）。すなわち、賃借中の機械の修理を依頼した者が無資力となり、修理代債権の全部または一部が無価値となった場合には、修理者は、その限度において右機械の所有者に対し不当利得に基づく返還請求権を有するという。しかも、この判決は、AB間の特約があったかどうかは問わないとしている。また、この判例は、一方でAが修理された機械を占有するという利得を有し、他方でCが修理代の回収ができないという損失を受け、利得と損失との間に因果関係があるというのである。学説は、この転用物訴権を肯定したブルーザ事件の判決に対して批判した。

そして、後の判例は、この考え方を変更した。ビル改修事件である。すなわち、Aの所有する建物を賃借したBが第三者Cとの間の請負契約に基づいてCにこの建物の修繕工事をさせたが、その後Bが行方不明になったためCがAに対して不当利得返還請求ができるかどうかにつき、CのBに対する請負代金債権の全部または一部が無価値である場合に、建物の所有者Aが法律上の原因なく右修繕工事に要した財産および労務の提供に相当する利益を受けたといえるのは、A・B間の賃貸借契約を全体としてみてAが対価関係なしに利益を受けたときに限られるとし、Aは工事による利益を受けていても、その代わりにBに対して権利金の支払を免除していたことから、Aは無償での利益を得ていないとして、Aに対する不当利得返還請求を否定した（最判平成七年九月一九日民集四九巻八号二八〇五頁・基本判例250）。この判例は、前の判例に対する転用物訴権否定説の学説の批判を考慮して、転用物訴権制限説（限定承認説）の立場を示したものである。

みなさんはどう考えるだろうか。Cはあくまで契約したBに請求できるだけで、Bが無資力や行方不明だからといって、Aに請求することはできないと思うだろうか。あるいはAに請求することができてよいと思うだろうか。学説をヒントに考えてみてほしい。

このような問題は、ドイツ法やフランス法のうえでも議論されている。本来は、契約上の請求権が行使されるべきところ、それが事実上実現できないときに、それを転換して不当利得返還を請求するという問題である。それは、ドイツ法では、転用物訴権または転換請求権（Versionsklage）といわれ、契約上の請求を不当利得上の請求に転換して契約外の第三者に対して、請求権を行使することができるかどうかという問題とされている。諸外国の学説は、このような転用物訴権を認めない傾向にある。本来は、契約上の請求で処理すべきところを不当利得によって請求しようとするのであるから、不当利得の範囲を広げすぎて好ましくないとされる。

今日の日本の学説も転用物訴権に対しては、一般的に消極的であり、契約上の請求が可能であるならば、それによるべきであるとする学説が有力である。一方では、右の事例においても、機械の修理をしたCが本来は修理代債権に基づいて同時履行の抗弁権（五三三条）や留置権（二九五条）を行使して債権を保全する手段があったのに、機械を契約の相手方に返還した後、第三者に対して不当利得返還請求権を行使するのはいきすぎではないかとか、あるいはまた、Cは、Bに対し修理代についての債権を有するので、債務者Bの無資力を要件としてBのAに対する債権を代位行使（四二三条）することができるという学説の指摘もある。これに対し、他方では、公平上、Aの得た利益を正当視することはできないとして、判例に賛成し、CのAに対する不当利得返還請求を肯定する学説もある。この判決が、修理代債権の全部または一部が無価値となった限度でのみ不当利得返還請求を認めるというのは、七〇三条の「損失」の解釈としては妥当であるが、むしろ、私は、転用物訴権否定説に従って、この場合における不当利得返還請求は否定すべきものと思う。

二八　法律上の原因がないこと（第四の要件）　不当利得の要件の第四として、受益についての法律上の原因がないことを要する。受益につき、法律上または契約上の原因があるときは、不当利得は成立しない。判例は、法律上の原因とは、正義公平の観念上、正当とされる原因をいうとしている（大判昭和一一年一月一七日民集一五巻一〇一頁）。法律上の原因の有無について、判例からいくつか具体例をあげてみよう。

二九 利益が損失者の行為に基づくとき　まず、利益が損失者の行為に基づいて生じ、その利益が法律上の原因を欠く場合がある。利益が損失者の給付に基づく場合における法律上の原因の有無については、給付の目的との関係で、以下の三つの場合に分けて判断することができる。

第一に、給付の目的が最初から存在していなかったときである。契約を締結してその履行として代金の支払や目的物の引渡しなどの給付をしたが、実はその契約には無効原因があったり、取消原因があって取消しがされたときには、当初から給付の目的が存在しなかったのであり、したがって、返還義務が生ずるのであって、これが給付利得の典型的場合である。前述したように、いわば契約を巻き戻して、いったんした給付をもとの状態に戻していくという関係になる。それによってもとどおりの原状回復に到達することになる。

無権代理の相手方がした給付も、給付の目的が最初から存在しなかったものとして、法律上の原因を欠くことになる。

第二に、給付の目的が到達しなかったときである。本来一定の目的のために給付をしたのであるが、その目的が到達しなかった場合にも給付の返還義務が主ずる。無効・取消しの場合と違って、本来の意図が実現できなかった場合における給付の返還関係である。婚約が成立し、将来婚姻が成立するものと予期し、そのために結納を交付したところ、何らかの事情で婚約が解消するに至ったときに、交付した結納の返還義務が発生するという事例である。婚姻という目的が到達しなかったために給付利得の返還義務が生ずる（大判大正六年二月二八日民録二三輯二九二頁・基本判例346）。「目的不到達による不当利得」といわれるものの例である。

第三に、給付の目的が消滅したときである。たとえば、債務を証する書面（例、借用書）を交付したが、債務を弁済してすでに債権が消滅しているときに、証書だけが債権者の手もとにあるのは、後に紛争を招くおそれがあるので、債務者は、債権が消滅したことを理由に証書の返還を請求することができる。証書は、債務の証明という目的のために正当に交付されたのであるが、給付の目的が後に消滅したために不当利得が成立することになる。解除条件付法律行為に基づく給付の後解除条件が成就した場合も、給付は法律上の原因を有しないことになる。

三　利益が損失者の意思に基づかないとき

(1)　次に、利益が損失者の意思に基づかずに生じた場合である。Aの所有する動産を占有しているBが無断でこれを善意・無過失の第三者Cに処分し、Cが即時取得したときは、BがCから得た利益は、Aとの関係で法律上の原因を欠くことになる。AはBに対しては、不当利得返還請求権のほか、契約上および不法行為上の請求権を行使することができる。

(2)　他人の所有物を盗んで占有するように、利得者の事実上の行為に基づく受益が法律上の原因を欠くときに不当利得が成立する。

(3)　A所有地の果樹から生じた果実がB所有地に落下したというように、自然的事実に基づく受益が法律上の原因を欠く場合がある。

(4)　遺産を構成する建物の相続開始後の使用について、被相続人と相続人との間に使用貸借契約の成立が推認される場合には、相続開始後の建物使用により相続人が得る利益には法律上の原因がないということはできないから、他の共同相続人による当該相続人に対する不当利得の返還請求には理由がないとされる（最判平成八年一二月一七日民集五〇巻一〇号二七七八頁・基本判例210）。

(5) 他人の所有物を自己の所有と誤信して改良したというように、利益が損失者の行為によって生じたのではあるが、その意思に基づいて生じたとはいえないときでも、そうした受益は法律上の原因を欠くことがありうる。

(6) 他人Aの銀行通帳と印鑑をCが悪用してB銀行から払戻しを受けたというように、債権の準占有者への弁済（四七八条）や受取証書の持参人への弁済（四八〇条）によりCへの弁済が有効とされる場合には、弁済の受領は法律上の原因を欠き、損失を受けた真実の債権者Aは、弁済受領者Cに対し、不当利得の返還を請求することができる。この場合には、弁済した債務者Bは、弁済受領者Cに対して返還を請求することができない（大判大正七年一二月七日民録二四輯二三一〇頁）。

(7) Aの所有する土地の賃借人Bが地上の建物と借地権をAに無断でCに譲渡したためAがCに土地明渡請求をした場合には、Cは建物買取請求権（借地借家一四条）を行使することができる。Cは、Aから、買取代金の支払を受けるまで建物の引渡しを拒むことができるが、建物の占有による敷地の占有は法律上の原因を欠くことになり、敷地占有に基づく不当利得としてその賃料相当額を返還する義務があるとされる（最判昭和三五年九月二〇日民集一四巻一一号二二二七頁）。

(8) 競売の売却代金の配当に当たってAに配当すべきものが誤ってBに配当され、Aが配当を受けられなかったときは、Bは、法律上の原因なくして利益を受けAに損失を及ぼしたことになる（大判大正三年七月一日民録二〇輯五七〇頁）。抵当権の実行による競売手続において相手方が債権または抵当権を有しないにもかかわらず配当を受けたために自己が配当を受けられなかったときは、相手方の受けた配当は法律上の原因を欠き、不当利得の返還請求が認められる（最判昭和四三年六月二七日民集二二巻六号一四一五頁、最判平成三年三月二二日民集四五巻三号三二二頁）。

第三　不当利得の効果

不当利得の効果として、利得の返還義務が発生する。利得者（条文では受益者）は、原則として原物を返還すべきだが、それが不能のときはその価格を金銭によって返還すべきである。判例では、土地収用が無効であって土地を返還すべきところ、それが道路・公園などの公の営造物となっているために返還が不能なときは時価による価格を返還すべきであるとしたものがある（大判大正五年二月一六日民録二二輯一三四頁）。

三　返還義務

不当利得の目的が不代替物であって、利得者がそれを他人に譲渡したときは、利得者がそれを取り戻しうる限り原物返還の義務がある（大判昭和一六年一〇月二五日民集二〇巻一三一三頁）。それが他に同じ種類や品質の物がある代替物であるときは、どうであろうか。具体的には、不当利得した代替物を利得者が第三者に処分したなど原物がない場合には、利得者は代替物の返還義務を負うのか、あるいは価格での賠償義務を負うのかが問題となる。原物返還の原則からみて同種・同量の物を返還すべきであるというのが大審院の判例であった（大判昭和一八年一二月二二日新聞四八九〇号三頁）。学説は分かれ、価格の返還でもよいとするものが有力であったが、近時の最高裁は、法律上の原因なく代替性のある物を利得した受益者は、利得した物を第三者に売却処分した場合には、損失者に対し、原則として、売却代金相当額の金員の不当利得返還義務を負うとした（最判平成一九年三月八日民集六一巻二号四七九頁）。損失者は、売却後に価格が下落した場合でも、売却代金の返還を求めることができるわけである。

原物返還が不能ではあるが、利得者が代償物を得ているときは、それを返還すべきである。目的物の滅失・損傷・侵奪などによって利得者が得た保険金や損害賠償金などがこれに該当する。

三 返還義務の範囲

返還義務の範囲は、損失額を限度とするので、利得者の得た利益額のほうが損失者の損失額より大きくても、利得者は、損失額の限度で返還すれば足りる（大判昭和一一年七月八日民集一五巻一三五〇頁）。

なお、利得者が支払った費用は利益から控除すべきである。前例でいえば、仲介手数料がかかったような場合には、売却代金相当額から仲介手数料額を控除することになる。

三 返還の範囲に関する特約の効力

不当利得返還義務の範囲を定める特約は有効である。火災保険の保険金を受領するに当たり、保険金を受け取る者（保険契約者兼被保険者）が保険会社（保険者）に差し入れた「後日保険者に保険金支払の義務のないことが判明したときは、いっさいの責任を負い、保険者に迷惑をかけない」という誓約文言は、保険会社に対し、不当利得返還義務の範囲を受領した金員と同額とする特約として有効であるとされた（最判昭和四六年四月九日民集二五巻三号二四一頁）。

三四　当事者双方の返還義務の関係　契約が無効であったり取り消されたりした場合のように、当事者双方が返還義務を負う場合においては、双方の返還義務は、同時履行の関係となると解される（最判昭和二八年六月一六日民集七巻六号六二九頁、最判昭和四七年九月七日民集二六巻七号一三二七頁・基本判例186）。

三五　返還義務の消滅時効　不当利得返還請求権の消滅時効期間は、一〇年である（一六七条一項）。不当利得の発生原因となった債権が短期の消滅時効にかかる場合であっても異ならない。不当利得返還請求権はそれとは性質を異にする別個の債権だからである（大判大正一五年三月三日新聞二五九八号一四頁）。

三六　善意の利得者の返還義務　七〇三条は一般原則として現存利益の返還を定めている。それは、次の七〇四条が悪意の利得者の返還義務を定めたものであることとの対比からすると、善意の利得者の返還義務を定めたものである。善意の利得者に広い範囲の返還義務を認めるのは妥当とはいえない。そこで、現存する利益の範囲での返還を認めれば足りるとしたものである。

現存利益という考え方は、失踪宣告の取消しに関する三二条二項、法律行為を取り消した場合における制限行為能力者の返還義務に関する一二一条但書にも示されているが、これらの規定は、不当利得の特則を定めたものである（もっとも、一二一条但書の場合は、悪意の制限行為能力者も現存利益を返還すれば足りるので、それはまさに七〇三条の特則であるが、三二条二項は、善意者についてのみ適用されると解されているので、それは七〇三条と同旨を定めたことになる）。

現存利益の有無の判定基準時は、返還請求のあった時と解するのが多数説である。これに対し、返還請求の訴え提起時と解する説もある。

七〇三条の適用のためには、利得者は善意であれば足り、過失の有無を問わない。

三七　金銭の現存利益

現存利益は、金銭についても当てはまるのであろうか。金銭を不当利得した者は、その金銭を消費してしまったときに、残存する金銭を返還すれば足りるのであろうか。その金銭を生活費にあてたときには、それを費消していてもそれによって現在の生活が成り立っているのでその利益は現存しているとみられる（一二一条但書に関する大判昭和七年一〇月二六日民集一一巻一九二〇頁・基本判例55）。また、銀行に預金しているときも、利益はそのままの姿ではなく、別の形で現存していると解されている。不当利得した金銭を第三者から借りたものと誤信してその第三者に弁済したときにも、不当利得者はその第三者に対して不当利得返還請求権を有するので利益は現存しているとみられる（大判大正一二年二月二一日民集二巻五六頁）。

これに対して、金銭をむだに消費したときは、利益は現存していないというのが通説である。判例も、金銭を浪費したときは、利益は現存していないとする（大判昭和八年二月二三日新聞三五三一号八頁）。読者のみなさんは、生活費や有用な費用に使ったときは、返還しなければいけないが、遊びに使うなど浪費したときは、返還しなくてもいいとは、おかしなことだと思われるかもしれない。そこで、一部の学説は、これに反対し、取得した金銭は、その使途を問わず現存しているとみるべきだとしている。また、類型論の立場から利得の減縮は有体物の滅失・損傷にのみ当てはまるとする学説もある。私は、金銭については、その価値を問題にしてむだに消費したかどうかを問わず、つねに現存しているとみるべきものと考える。現実の金銭は存在していなくても、価値は現存しているとみてよいだろう。

判例は、利得者が現に受けた金銭上の利益は後日減少した事実がない限り存在するものと推定し（大判明治三九年一〇月一一日民録一二輯一二三六頁）、金銭の交付によって生じた不当利得につきその利益が存しないことについては、不当利得返還請求権の消滅を主張する者が主張・立証すべきであるとしているので（大判昭和八年一一月二一日民集一二巻二六六七頁、最判平成三年一一月一九日民集四五巻八号一二〇九頁・基本判例251）、通常の場合には、事実上金銭の利益は現存していると扱われる。

金銭の場合と異なり、他人の物を占有するという利得をしていて、その物が壊れたときは、壊れたままで返還すればよい。

三八　果実の帰属

不当利得で返還すべき物から果実が生じた場合は、その果実も返還すべきだろうか。たとえば、土地の売買が無効で土地を返還しなければならない場合に、土地から果実が生じているような例である。不当利得者が占有する他人の物から生じた果実については、善意占有者の果実取得権に関する一八九条が適用される。そうすると、善意の利得者は、占有物から生ずる果実を取得し、返還義務を負わないことになる。ただし、それは、不当利得者が単に他人の物を占有するにすぎない場合のことであり、不当利得者が他人の物を所有するに至った場合には、その物とともにその物から生じた果実も返還すべきだと解される。他方、近時の類型論の立場からは、給付利得の場合には、一八九条の適用の余地がなく、利得者は、果実や使用利益を返還すべきだと主張されている。

三九　**金銭の運用利益**　不当利得した金銭から運用利益が出た（出る）場合は、その運用利益も返還すべきだろうか。たとえば、銀行が不当に他人の金銭を預かったような場合に、そもそもそれは、不当利得で返還すべきなのであろうか、それとも果実の問題として処理すべきなのであろうか。それが果実だとすれば、法定利息をつければ足りるべきことになるが、不当利得の問題だとすると、その金銭を運用することによって得られた利益も返還すべきことになり、不当利得の返還義務の範囲のほうが広くなる。判例は、不当利得によるべきだとしており、資金を運用して得た利益もあわせて返還すべきだとしている。すなわち、不当利得の運用利益も、社会観念上受益者の行為の介入がなくても不当利得された金銭財産から損失者が当然取得したであろうと考えられる範囲において、損失者の損失といえるから、かりに善意の不当利得者であっても、これを返還すべきであるという（最判昭和三八年一二月二四日民集一七巻一二号一七二〇頁・基本判例101）。

四〇　**悪意の利得者の返還義務**　善意の利得者が現存利益で返還すればよいのに対して、悪意の利得者（受益者）は広い範囲の返還義務を負う。すなわち、悪意の利得者（受益者）は、その受けた利益に利息を付して返還しなければならない。この場合において、なお損害があるときは、その賠償の責任を負う（七〇四条）。このように悪意の利得者の返還義務の範囲は広い。悪意の利得者を保護する必要はないからである。

不当利得者が当初善意であっても、利得に法律上の原因がないことを認識した後の利益の消滅は、返還義務の範囲を減少させる理由とはならない（前掲最判平成三年一一月一九日）。その理由は、「善意で不当利得をした者の返還義務の範囲が利益の存する限度に減縮されるのは、利得に法律上の原因があると信じて利益を失った者に不当利得がなかった場合以上の不利益を与えるべきでないとする趣旨に出たものであるから」だとされる。認識後は、利益が減少ないし消滅しても、不当利得返還すべき範囲は変わらないということである。

法人の不当利得における善意・悪意は、法人の代表者について決する（一〇一条一項）。そこで、法人の単なる使用人が法人の目的の範囲外の取引をしたことに基づいて法人に不当利得が生じた場合には、その者の悪意をもって法人の悪意とすることはできないとされる（最判昭和三〇年五月一三日民集九巻六号六七九頁）。

利息については、悪意の受益者は、その受けた利益に利息を付して返還しなければならない（七〇四条前段）。利率は、法定利率（年五分。四〇四条）による。商行為である貸付けに係る債務の弁済金のうち利息制限法の制限超過利息を元本に充当することにより生ずる過払金として返還する場合にも、悪意の受益者が付すべき利息の利率は、年五分である（最判平成一九年二月一三日民集六一巻一号一八二頁）。

この利息を付すのは、価額を返還する場合の問題であり、原物返還の場合には利息は不要である。ただし、物の利用による利得（使用利得）は返還すべきである。

悪意の受益者は、損害があったときはその賠償の責任を負う（七〇四条後段）。それは、不当利得の箇所に定められているが、不法行為の責任とみてよい。七〇四条後段の損害賠償は、悪意の受益者が不法行為の要件を充足する限りで不法行為責任を負うことを注意的に規定したものであり、悪意の受益者に対して不法行為責任とは異なる特別の責任を負わせたものではない（最判平成二一年一一月九日民集六三巻九号一九八七頁）。

サラ金など貸金業者が利息制限法違反の制限超過利息（過払金）の返還義務を負う場合、判例は、貸金業者は原則として悪意の受益者であることが推定されるとしている（前掲最判平成一九年七月一三日）。

悪意の受益者が占有する物が、その者の責めに帰すべき事由によって滅失または損傷したときは、一九一条が適用されるので、その回復者に対しその損害の全部を賠償する義務を負う。

果実については、占有に関する一九〇条一項が適用されるので、悪意の受益者は、果実を返還し、かつすでに消費し、過失によって損傷し、または収取を怠った果実の代価を償還する義務を負う。

受益者が支出した費用については、善意者の場合と同じく、悪意の受益者も、損失者に対して費用償還請求権を行使することができる（一九六条）。

第四　特殊不当利得

四一　非債弁済とは

七〇五条から七〇七条までの規定は、債務がないのに弁済するという非債弁済を定めている。本来ならば、債務がないのに弁済する義務はないわけだから、弁済しても法律上の原因がなく、弁済したものを不当利得として返還を求めることができるはずであるが、ここではその特則が定められている。このうち、七〇五条は、狭義の非債弁済を定めている。すなわち、「債務の弁済として給付をした者は、その時において債務の存在しないことを知っていたときは、その給付したものの返還を請求することができない。」としている。債務の不存在を認識して給付をした人を救済する必要はないので返還請求を認めないという趣旨である。ここでも客観的にみると、弁済受領者は、法律上の原因がないのに利益を受けていることになり、七〇三条からすれば不当利得の返還請求ができるはずであるが、給付者の返還請求を認める理由がないためにその利益はそのままにして、給付者の損失の救済は否定されるということである。

四二　非債弁済の要件

狭義の非債弁済の要件は、①債務が存在しないこと、②弁済として任意に給付をすること、③弁済者が債務の不存在を知っていたことである。それぞれみていこう。

第一に、弁済時に債務が存在しないことが必要である。当初から債務がおよそ存在しなかった場合と当初は債務が存在したが後にそれが存在しなくなった場合とがある。契約が無効であったために債務が生じなかったというのが前者の例であり、債務は生じていたが弁済をしたためにそれが消滅していたというのが後者の例である。

第二に、弁済として任意に給付をすることが必要である。判例によると、強制執行を避けるためまたはその他の事由のためやむを得ず弁済したような場合は、任意の弁済とはいえないとされる（大判大正六年一二月一一日民録二三輯二〇七五頁）。居住家屋につき賃料支払義務がない者が家屋の所有者から賃料支払の催告を受けたため、賃料支払義務はないが、訴えを提起されることをおそれて支払うと特に留保の表示をするなど、債務の不存在を知って弁済したことが無理でない客観的事情がある場合には、七〇五条の適用はないとされる（最判昭和四〇年一二月二一日民集一九巻九号二二二一頁）。これも弁済に任意性が欠けた事例といえよう。したがって、このような場合には、返還請求が認められる。

第三に、債務の不存在を弁済者が知っていたことが必要である。前述したように、この場合には、弁済者を保護する必要がないからである。債務の不存在を弁済者が知らなかった場合には、返還請求が認められるが、過失によって知らなかった場合でも返還請求は認められる（大判昭和一六年四月一九日新聞四七〇七号一一頁）。利息制限法違反の超過利息で払いすぎた分を過払金というが、この過払金の返還請求については、判例および立法に変遷があったところであるが（詳しくは7九〇以下参照）、いずれにせよ、利息制限法違反の超過利息を債務者が支払ってそれが元本に充当された後に支払われた利息は、七〇五条に該当しないというのが判例である（最大判昭和四三年一一月一三日民集二二巻一二号二五二六頁・基本判例252）。

非債弁済により受領者が、返還を免れるためには、受領者は、給付者が債務の不存在を知りながら給付したことを立証することを要する（大判昭和七年四月二三日民集一一巻六八九頁）。

狭義の非債弁済の次は、期限前の弁済である。本来は弁済期にない債務は弁済する必要がない。早く弁済しすぎたから、返還してくれといえるだろうか。民法は、債務者が弁済期にない債務の弁済として給付をしたときは、その給付したものの返還を請求することができないと定めている（七〇六条本文）。このように弁済期に来ていない債務について弁済をしたときには、原則としては、返還請求ができないとされている。なぜかというと、債務がともかくあるのだから、早すぎた弁済について、これを無効とするのは妥当ではなく、給付としての効力は認めるという趣旨である。保証人が期限前に弁済した場合にも七〇六条の適用がある（大判大正三年六月一五日民録二〇輯四七六頁）。

四三 期限前の弁済

債務者が期限前であることを知りながら弁済したときには、期限の利益の放棄となり、いっさい利益の返還請求はできない。しかしながら、期限前という点について錯誤があったときは、早く払ったことによる利益の返還請求が認められる。すなわち、債務者が錯誤によってその給付をしたときは、債権者は、これによって得た利益を返還しなければならない（七〇六条但書）。債権者には、期限前に弁済を受けたものを利用する利益があるので、利息分の返還義務が生ずる。

四四 他人の債務の弁済

債務者以外の他人が間違って債務を弁済したときには、弁済者は、原則としては返還請求ができる。しかし、民法は、「債務者でない者が錯誤によって債務の弁済をした場合において、債権者が善意で証書を滅失させ若しくは損傷し、担保を放棄し、又は時効によってその債権を失ったときは、その弁済をした者は、返還の請求をすることができない。」と定めている（七〇七条一項）。弁済を受けた債権者は、債権が消滅したと誤信し、借用書を破棄したり、担保を放棄したり、消滅時効にかけてしまったりして、不測の損害を被ることがあるので、そうした債権者を保護する必要があり、一定の場合に返還請求を否定するという趣旨である。

七〇七条によって、特則として、返還請求ができなくなるための要件について、みておこう。

第一に、他人の債務を錯誤によって弁済したことを要する。保証人でない者が保証人であると思って弁済をした場合は七〇七条の他人の債務の弁済になるであろうか。保証人は、保証契約に基づいて自ら債務を負担しているはずだから、他人の債務ではなくて自己の債務と誤信して支払うことになり、七〇七条の適用がないとも考えられるが、保証債務は、実質的にみると他人の債務であるから、七〇七条の適用を認めることができる。

第二に、善意の債権者につき証書の滅失・損傷、担保の放棄、時効による債権の消滅があることが必要である。それぞれ説明しよう。

(1) 「証書」の滅失・損傷である。債権者が善意で証書を滅失・損傷したために債権の存在を証明することがむずかしくなるような場合には、他人の債務を弁済した者は返還請求をすることができない。「証書」とは、当該の債権を証明するために作成された書面を意味し、それ以外の書面は、債務を証明する資料となるものであっても七〇七条一項にいう証書には該当しないとされる（大判昭和八年一〇月二四日民集一二巻二五八〇頁)。

証書の「滅失・損傷」には、証書を有形的に破棄した場合に限らず、債権者が自由にそれを立証方法に供することができなくなる場合を含む (大判明治三七年九月二七日民録一〇輯一一八一頁)。具体的にいえば、債権者が証書に文字を抹消する横線を引いたり、債務者の名前や印影を塗抹したり、あるいは、その証書を債務者や弁済者に返還したりして、証書による債権の立証が困難となった場合などである。

(2)　担保の放棄である。債権者が善意で担保を放棄したために確実な弁済を受けることが困難になる場合には、他人の債務を弁済した者は返還請求をすることができない。

(3)　時効による債権の喪失である。本来なら消滅時効中断の手続をとったであろうのに債権者が弁済を得たと思ってその手続をとらなかったために時効が完成して債権を失った場合には、他人の債務を弁済した者は返還請求をすることができない。

競合する二つの請求権の一つについて七〇七条に定める事由が生じたときに、他の請求権の行使についても同条を適用すべきであろうか。不当利得返還請求権と不法行為に基づく損害賠償請求権のどちらの請求も可能な場合に、不法行為に基づく損害賠償請求権が消滅時効にかかったような場合である。判例はこれを否定する (大判昭和六年四月二二日民集一〇巻二一七頁)。すなわち、不法行為に基づく損害賠償請求権が消滅時効にかかったことを理由として、不当利得の返還を拒むことはできない。したがって、競合した請求権全部について、七〇七条に定める事由が生じたときのみ、同条が適用されるべきだということになる。

四五 債務者に対する弁済者の求償権 弁済者は、返還請求をすることができないと損失を受けることになるが、その場合に利益を受けているのは、結局債務者であるから、弁済者から債務者に対する求償権の行使を妨げないとされる（七〇七条二項）。これは、**2九四**不当利得の一種であり、不当利得返還請求権が認められることが念のため規定されている。

四六 不法原因給付 すでに読者のみなさんは、公序良俗違反の法律行為が無効であることを知っているだろう（民法九〇条。**1一五七**以下、**2九四**）。そうすると、公序良俗違反の契約からは債権債務は発生しないわけだが、そうした契約に基づく請求はできないだけでなく、相手に渡したものは「法律上の原因」がないとして、返還請求をすることができるはずである。果たしてそれでよいだろうか。民法は、「不法な原因のために給付をした者は、その給付したものの返還を請求することができない。」（七〇八条本文）と定めている。本来不当利得が成立するはずではあるが、給付が不法な原因のためにされたときには、給付者を保護する必要がないので返還請求が否定されるわけである。典型的な例として妾《めかけ》契約をあげよう（現在では、差別的な意味を排除する意味で、夫がある男性の愛人契約というべきかもしれないが、古くから妾契約という場合には、夫が単純に愛人をつくるというわけではなく、一夫一婦制に反する二人目の事実上の妻という意味を含んでいる。区別する必要があると思われるので、ここでも、古くからの用例に従い、妾契約との表記を用いることにする）。妾契約は、九〇条の公序良俗に反して無効である。そうだとすると、妾契約に基づいて従来給付したものの返還を請求することができるはずだが、自ら不法な妾契約をし、それに基づいて給付をし、あとで裁判所に救済を求めて給付の返還請求をするのは許されない。また、賭博に敗れた者が給付をした後に賭博契約の無効を主張して返還請求をするのも不法なことをした者を保護することになるので、それは認められない。英米法にはエクイティという衡平裁判所で適用される原則としてクリーンハンズ（clean hands）の原則がある。裁判所の救済を求めようとする人は、きれいな手で現れよという原則であり、汚い手の人は保護しないという考え方である。ヨーロッパ大陸法ではこれを不法原因給付としており、英米法とほぼ同じ結果が認められている。

四七　不法

不法原因給付というためには、給付が「不法」であることを要する。「不法」が何を意味するかについては学説が分かれる。

第一に、公序良俗違反説がある。公序良俗違反行為（および強行法規違反）が「不法」に該当するという学説がある。単なる強行法規違反行為はそれに含まれないという。

第二に、善良の風俗違反説がある。公序良俗のなかでも善良の風俗に違反した行為のみが「不法」に該当するという学説がある。

判例は、公序良俗違反説である。すなわち、ここでいう「不法」とは九〇条の公序良俗に違反し道徳的に醜悪な行為であるとしている。前述した妾契約がその典型例であり、お金を前借りする代わりに、子供を芸娼妓として働かせるという芸娼妓契約に基づく前借金の交付も不法であり、その返還請求は認められないとされる（最判昭和三〇年一〇月七日民集九巻一一号一六一六頁・基本判例25）。

給付が不法であるときは、当事者が不法であることを知っていたかどうかにかかわらず、返還請求は認められない（大判大正八年九月一五日民録二五輯一六三三頁）。

一口に法律違反といってもその中には九〇条の公序良俗違反の場合があり、また、いわゆる強行法規違反の場合がある。強行法規違反の場合には、物価統制令など経済統制法規違反のように道徳的にみて直ちに醜悪とまではいえない程度の不法な場合がある。さらに主に行政上の観点から取締を目的とするいわゆる取締法規違反の場合もある。七〇八条の「不法」を広く解すると、これらの法律違反をすべて含むことになるが、判例は、「不法」を狭く解し、公序良俗に違反し道徳的に醜悪な行為をいうとしている（大判明治四一年五月九日民録一四輯五四六頁）。そこで、前述した妾契約や賭博契約は公序良俗違反であるから「不法」となるが、醜悪とはいえない単なる強行法規違反の行為は「不法」には該当しないとされる。特に第二次世界大戦中から戦後にかけて経済統制法規が多く制定されたが、統制法規違反の、いわゆるヤミ取引をした場合は、その行為は不法であるから無効ではあるが、道徳的にみて醜悪とはいえない場合は七〇八条の「不法」には当たらないとしている（最判昭和三五年九月一六日民集一四巻一一号二二〇九頁、最判昭和三七年三月八日民集一六巻三号五〇〇頁）。

公序良俗違反の契約によって、相手に渡した物の返還を求めることが不法原因給付としてできなくなった場合に代金請求を否定するのが妥当なのかどうかは問題である。たとえば、AとBが公序良俗に反する売買契約をしたとしよう。売主Aが買主Bにその目的物をすでに引き渡していて、それが不法原因給付にあたるためにその返還を求めることができない場合に、AはBに代金請求できるかどうかである。法律違反の行為に基づいて当事者の一方が現に給付をした場合に契約の無効を理由に他方に対する給付請求を否定するのは公平に反すると思われる（前掲最判昭和三五年九月一六日における補足意見）。未履行の場合の履行請求は否定されるが、一方が履行した場合には、衡平上他方に対する履行請求は認めてよいと考えられる。

債権者Aの執行を免れるために債務者BがCと通謀してBの所有する財産をC名義にするのは、「不法」に該当するであろうか。判例は、刑法上の犯罪となる場合のほかは、七〇八条にいう不法の原因に基づく給付とはいえないとしている（大判明治四二年二月二七日民録一五輯一七一頁、最判昭和二七年三月一八日民集六巻三号三二五頁、最判昭和三七年六月一二日民集一六巻七号一三〇五頁）。債権者の保護のためにも返還請求を認めるべきであろう。

また、損益相殺との関係で、不法原因給付の考え方が問題となることがある（損益相殺については後述する（一七八参照）が、不法行為の被害者が利益を受けていれば、その利益を損害賠償から控除すべきであるというものである）。ヤミ金融業者が著しく高利の違法な貸付けをした場合に、被害者がこのヤミ金融業者に対して損害賠償請求したのに対して、貸付けで受け取った金員を損益相殺ないし損益相殺的な調整の対象として被害者の損害額から控除することは、七〇八条の趣旨に反して許さないとした判例がある（最判平成二〇年六月一〇日民集六二巻六号一四八八頁）。同様に、高額の配当をうたって投資目的で金員を詐取した投資詐欺事件において、被害者となった投資者が交付を受けた配当金は、損害賠償額から控除すべきではないとした判例がある（最判平成二〇年六月二四日判時二〇一四号六八頁）。

四八　動機の不法

金銭を貸す行為自体は不法ではないが、その動機が密輸の資金とか、偽造紙幣を作るための資金とか、違法な賭博場を経営するための資金とかの場合に、その貸したお金の返還を求めることはできなくなるだろうか。動機の不法の問題である。民法七〇八条にいう「不法」には動機を含み、給付自体は一見不法でなくても相手方の動機が不法であるときは給付は不法性を帯び、給付者がその動機の不法を知っているときは、不法な給付を助長することになるので返還請求は認められない。判例も、金銭消費貸借契約自体は不法ではないが、借主が密航の資金にすることを貸主が知っていたような場合には、七〇八条が自己の不法行為を理由として法律の保護を受けられないとする趣旨に出たものであり、同条にいわゆる不法原因給付は、その給付自体が不法な場合に限らず不法事項が給付の動機である場合を包含すると述べている（大判大正五年六月一日民録二二輯一一二一頁）。

四九　給付

不法原因給付の成立には、給付があることを要するが、給付は、給付者の意思に基づくことが必要である。そこで仮装債権に基づき配当金を裁判所から不当に受領したときには、給付者の意思に基づく給付とはいえないので、七〇八条は適用されない（大判大正四年六月一二日民録二一輯九二四頁）。

給付とは、相手方に終局的な利益を与えることを意味すると解されている。以下の場合が問題となる。

第一に、担保の設定の場合である。たとえば、不法な原因により、不動産に抵当権を設定したら、

「給付」をしたといってよいだろうか。賭博に勝ったAに対して敗れたBが債務を負担し、その担保として抵当権を設定してその登記をし、後にBがAに対して抵当権の登記の抹消を請求した場合において、かつて判例は、Aは、担保されるべき債権を有しないので抵当権の設定により何ら利得をしていないことを理由に七〇八条を適用することができないとした（大判昭和八年三月二九日民集一二巻五一八頁）。学説では、その結論に賛成しつつ、給付が終局的なものかどうかというのではなく、もしこの場合に抹消請求が認められないとすると、結局は、抵当権者は、公序良俗違反の行為に基づき自己の権利を実現できることになり、九〇条の趣旨に反することを理由とすべきだとするものが有力であった。最高裁は、この学説に従い、「Bが右抵当権設定登記の抹消を求めることは、一見民法七〇八条の適用を受けて許されないようであるが、他面、Aが右抵当権を実行しようとすれば、Bにおいて賭博行為が民法九〇条に違反することを理由としてその行為の無効、したがって被担保債権の不存在を主張し、その実行を阻止できるものというべきであり、被担保債権の存在しない抵当権の存続は法律上許されないのであるから、……Bにおいて右抵当権設定登記の抹消をAに対して請求できるものと解するのが相当である」とした（最判昭和四〇年一二月一七日民集一九巻九号二一七八頁）。担保権の設定は、いまだに給付がされたとはいえないということである。

第二に、不動産の引渡しをしたが登記の移転をしていない場合である。不動産譲渡の場合における「給付」とは何か。何をもって、相手方に終局的な利益を与えたといえるかが問題になるのが、公序良俗違反の無効な妾契約に基づいて男性が妾となった女性に建物を贈与してその引渡しをした後、返還請求をするという場合である。判例は、建物が登記されているかどうかによって結論が違うとしている。すなわち、男性が未登記建物を妾契約の女性に贈与して引き渡したときには、女性に最終的な利益を与えたことになるので、七〇八条の「給付」があったとみられ、返還請求は否定される（最大判昭和四五年一〇月二一日民集二四巻一一号一五六〇頁・基本判例253）。この場合には、返還請求が否定される結果、相手方はその反射的効果としてその所有権を取得すると判例は解している。

これに対して、登記された建物を引き渡しただけで、登記を移転していない場合には、「給付」があったとはいえないので、返還請求は認められる（最判昭和四六年一〇月二八日民集二五巻七号一〇六九頁・基本判例254）。ただし、この事件では、男性が返還請求をしたのではなく、妾契約の女性が、その後保存登記をした男性に対して移転登記を請求し、その前提問題として男性からの返還請求が認められるかどうかが争われた。判決は、男性からの返還請求が認められる以上、女性からの移転登記の請求は許されないとした。

これらの判例をめぐっては、学説が分かれている。登記の有無を問わず、建物を引き渡した以上、七〇八条の「給付」があったとみて男性からの返還請求はいっさい許されないとすべきではないかとする学説がある。この学説によると、登記された建物が引き渡されたときにも、女性からの移転登記の請求が認められることになる。他方において、判例を支持する学説もあるが、中間説として、いずれにしてもこのような不法な原因の給付があったときには、当事者のいずれも保護すべきではなく、女性からの移転登記の請求は九〇条の公序良俗に反して認められないし、男性からの返還請求も七〇八条により否定されるという学説がある。不法原因給付の趣旨は、法は不法を働いたいずれにも協力しないということであるから、この中間説を支持してよい。

五〇　不法の原因が受益者についてのみ存するものでないこと

不法の原因が受益者についてのみ存するときは、受益者を保護する必要がないので、不当利得の原則に戻り返還請求が認められる（七〇八条但書）。たとえば、祖父が孫娘の不倫関係を断たせるために相手方の男に金銭を贈与した場合には、相手方についてのみ不法の原因が存するとしてその返還請求が認められる（大判大正一二年一二月一二日民集二巻六六八頁）。ただし、今日では、このような贈与契約は公序良俗に反しないと解されているので、この判決の結論には疑問がある。

不当利得における損失者も受益者もいずれも不法のときはどうであろうか。その場合には、いずれがより不法かという不法性の比較をしてより不法な者は保護しないとされる。基本的にいって、より不法性の小さい者から、不法性の著しく大きな者への返還請求は認めてよいという考え方である。消費貸借成立のいきさつにおいて、貸主の側に多少の不法の点があったとしても、借主の側にも不法の点があり、前者の不法性が後者のそれに比しきわめて徴弱なものにすぎない場合には、九〇条および七〇八条の適用がないとされる（違法な密輸資金にあてると詐称し、強引に金員を借り受けた場合につき、その貸金の返還請求を認めた最判昭和二九年八月三一日民集八巻八号一五五七頁・基本判例255。後述の不法行為に関する最判昭和四四年九月二六日民集二三巻九号一七二七頁・基本判例256、五三参照）。

五一　不法原因給付の効果

不法原因給付にあると、本来できるはずの不当利得返還請求が否定されることになる。すなわち、給付者は、その給付したものの返還を請求することができない（七〇八条本文）。前に述べたように、公序良俗違反の妾契約に基づいて給付したものの返還は請求することができない。返還請求の対象は、給付したものそれ自体のこともあり、またそれに代わる価値のこともあるが、いずれにしても不法原因の給付者の返還請求は否定される。この場合に、弁済受領者が任意に返還するのは差支えないと解されている。

　不法原因給付の返還の特約がある場合はどうか。ひとたび不法原因の給付をした以上、後にその返還を特約しても、七〇八条本文が適用され、返還請求は否定されるであろうか。判例は、かつて七〇八条が公益規定であることを理由に返還の特約を無効としていたが（大判明治三六年五月一二日民録九輯五八九頁）、後に当事者が不法原因給付を合意解除して給付の返還を特約する場合には、七〇八条を適用する余地はないとするに至った（最判昭和二八年一月二二日民集七巻一号五六頁、最判昭和二八年五月八日民集七巻五号五六一頁、最判昭和三七年五月二五日民集一六巻五号一一九五頁）。給付を反省して不法でない原状への復帰を合意するのであるから近時の判例を支持してよかろう。

五二　物権的請求権への七〇八条の類推適用

七〇八条は、いわば法の精神（前述したクリーンハンズ）を表現するものであるから、単に不当利得返還請求権についてだけでなく、他の請求権にも類推適用されることが多い。

　AがBに不法な契約に基づく給付をして目的物を引き渡した場合に、Aは契約が無効だから所有権はAにあると主張してBに対して所有権に基づく物権的請求権を行使して目的物の返還を請求できるであろうか。物権的請求権の行使に七〇八条の類推適用を認めるべきかどうかにつき学説が分かれる。

第一に、七〇八条類推適用否定説がある。かつて七〇八条類推適用否定説が有力であった。違法行為の主張ではなく所有権の主張には七〇八条の適用がないこと、相手方が所有権を有しないのに占有をする根拠がないことなどを理由とする。

第二に、七〇八条類推適用肯定説がある。七〇八条は九〇条と同じく民法の大原則を示すものであり、物権的請求権の行使にも適用ないし類推適用されるという。

かつて、不法な給付者がまだ所有権を有するとき、所有権に基づく返還請求権の行使には七〇八条が適用されないとした判例があったが、今日の判例は、不法な原因による給付をした後、所有権に基づいて返還請求をする場合にも七〇八条が類推適用され、返還請求は否定されるとしている。具体的には妾契約に基づいて男性が妾になった女性に未登記建物を引き渡したという前述した判例の場合には、妾契約は無効であるから、所有権は男性にあるはずだが、所有権に基づいて建物の返還請求をする場合にも七〇八条が類推適用され、返還請求は認められないとした（前掲最大判昭和四五年一〇月二一日）。今日の通説である七〇八条類推適用肯定説を支持してよいであろう。

五三　不法行為に基づく損害賠償請求権への七〇八条の類推適用

不法行為に基づく損害賠償請求権についても、七〇八条の類推適用を認めるのが判例である。このことを前提としつつ、損害賠償請求権者の不法性が加害者のそれより小さいときに損害賠償の請求が認められるとした判例がある。

すなわち、女性が男性に妻のあることを知りながら情交関係を結んだ場合でも、女性側の不法性に比し男性側の違法性が著しく大きいときは、貞操等の侵害を理由とする女性の男性に対する慰謝料請求が認められるとされた（前掲最判昭和四四年九月二六日）。また、法令で禁止されている利回り保証の約束の株式取引で、顧客の不法性に比し、証券会社の不法の程度がきわめて強い場合には、顧客は、証券会社に対して不法行為に基づく損害賠償を請求することができるとされた（最判平成九年四月二四日判時一六一八号四八頁）。

第三章　不法行為

第一　一般不法行為

一　不法行為の意義

五四　不法行為とは

不法行為というのは、簡単にいえば、他人に損害を与える違法な行為のことである。

不法行為に関して、過失責任の原則が重要である。読者のみなさんは、伝統的な民法の原則（近代私法の三大原則）として、所有権の絶対、契約の自由、過失責任を覚えていることだろう。ここでは、その中の過失責任にかかわる諸問題を取り上げる。民法制定当時に比べて現在、契約の自由、所有権の絶対が修正されていることを前に述べたが（一〇以下参照）、後に述べるように過失責任も修正されて無過失責任に近づく場合が認められている。

不法行為の例をあげよう。たとえば、AがBに暴力を加えてBがけがをしたという場合に、Bは加害者であるAに対して治療費など損害賠償を請求することができる。七〇九条が不法行為の原則を定め、「故意又は過失によって他人の権利又は法律上保護される利益を侵害した者は、これによって生じた損害を賠償する責任を負う。」と定めている。これは後に述べる特殊不法行為（七四以下参照）に対し一般不法行為を定めるものである。つまり不法行為によって被害が生じると、被害者は加害者に対して損害賠償を請求することができる。損害賠償というのは、七二二条一項で準用される四一七条によって金銭賠償とされているので、金銭で救済を求めるという処理になる。もちろん、不法行為が生じないように、できるだけ未然防止の手段が講じられることが必要だが、やむをえず被害が生じたときには、民法上はその後始末として金銭賠償による処理をはかることにしているのである。

損害賠償を認めるための要件としては、第一に、加害者に故意または過失があること、第二に、権利または法律上保護される利益の侵害があること、第三に、その加害者の行為によって損害が発生したこと、すなわち、行為と損害の発生との間に因果関係があることが必要である（それぞれの要件についてはは後においおいみていくことにする）。

不法行為が成立する場合には、刑法上の犯罪が成立することも多い。もとより、民事責任と刑事責任は、法の趣旨を異にするのであるが、過失の有無の認定等において両者は密接な関係にある。

五五　不法行為成否の基準

不法行為の成立要件の過失や権利侵害などをめぐっては、そのいずれを重視すべきかについて学説が分かれている。後に述べるように、「権利侵害から違法性へ」という判例・学説の推移があるが、「過失と違法性」との関係について、学説が分かれている。

第一に、違法性重視説がある。過失とは結果回避義務違反であり、不法行為の成立要件は違法性にこそあると説く学説である。

第二に、過失重視説がある。「権利侵害から違法性へ」という判例・学説の推移によって法律上保護すべき利益の拡大が図られたことにより、違法性論の役割が終わったとして、不法行為責任の要件は過失に尽きるとする学説である。

第三に、違法性・過失併存説がある。違法性と過失が併存し、両者が不法行為の成立要件となるとする学説がある。これが伝統的な通説であるが、近時の諸学説の登場にかかわらず、違法性と過失の区分はあってよいとする学説である。

第四に、その他の学説として、特に公害に関し、被害が受忍限度を超える場合に不法行為が成立するとし、受忍限度が不法行為成否の基準となるとする受忍限度論ないし新受忍限度論といわれる学説があり（六四、一三〇参照）、また、不法行為を意思責任的不法行為と行為責任的不法行為とに分け、認識可能性・非難可能性などを基準として不法行為の成否を判定すべきだとする学説もある。

このように、学説は分かれているが（ここでは各学説の内容について説明は省略する）、具体的事例でどんな場合に不法行為の成立が認められるかを実質的にみれば、学説による差異はあまりない。私は、違法性・過失併存説によりつつ、個々の事例において、違法性と過失のいずれかを重視するという対応でよいと思う。過失については、素人の行為と異なり専門家の業者については注意義務の基準を厳しく扱い、法律上保護すべき利益の違法な侵害があるときに不法行為の成立を認めることができよう。このようにして一方では、被害者の救済を考えなければいけないが、他方では、加害者側にも、ある程度、行為の自由を認めなければいけない。両者の調整を図っていくという態度が必要である。

吴 不法行為と債務不履行との関係

契約上の債務不履行に基づく損害賠償請求権が成立するときにも、あわせて不法行為を理由とする損害賠償請求権も成立すると考えてよいだろうか。まずは両者の違いをおさえておこう。両者の主要な差異としては、債務不履行にあっては債権者は債務者の故意・過失を立証する必要がないが、不法行為では債権者たる被害者は債務者たる加害者の故意・過失の立証を必要とすること、過失相殺において差異があること（四一八条・七二二条二項）、債務不履行の損害賠償請求権は原則として一〇年の消滅時効にかかる（一六七条一項）が不法行為のそれは三年の時効とされる（七二四条）ことである。このように、同じく損害賠償請求権といいながら、債務不履行を根拠とする場合と不法行為を根拠とする場合とでは、いろいろな点で違いがある。両者の関係をどのように考えたらよいだろうか。判例は請求権の競合を認め、原告（被害者）は、契約であれ、不法行為であれ、いずれの主張をしてもよいという立場をとっている（大判大正一五年二月二三日民集五巻一〇四頁、最判昭和三八年一一月五日民集一七巻一一号一五一〇頁など）。これに対し、債務不履行上の請求権のみを認めるべきだとする学説（法条競合説）があり、また、当該事件の処理にふさわしい規範を両者から統合して導き出せるとする規範統合説もある。私は、それぞれ要件と効果が別々に定められているので、どちらで主張するかは当事者に委ねられているとみて、請求権競合説が妥当であろうと思う。

請求権競合で議論される問題の一つに、契約上の合意（特約）が不法行為責任にも適用されるかという問題がある。当事者間の契約で、ある場合には責任を負わないと定めたり、賠償するにしてもその賠償額の限度を定める特約をすることがある。これを一般には、責任制限約款とか免責約款とかいうが、こうした免責約款は、契約違反である債権不履行で責任を追及する場合に働くのは当然だとしても、不法行為で責任を追及する場合にも、適用があるだろうか。簡単な例をあげよう。Aが運送業者Bに宅配便で物品の運送を頼んだが、Bが不注意でその運送品を紛失してしまったような場合に、AはBに対して損害賠償を請求することができるが、AB間の運送契約で、賠償額の限度が三〇万円までと定められていたような場合である。責任追及の根拠が変わると、そうした特約をした意味がなくなるのでは困ることは、諸君にもわかるだろう。それで、判例は、その特約が合理的なものであれば、不法行為責任を追及する場合でも、その特約を認めるのが当事者の合理的な意思に合致するとして、その適用を認めている（大判昭和四年三月三日民集八巻三四九頁、大判昭和一三年五月二四日民集四巻一〇六三頁）。それが妥当だろうね。

さらにいえば、契約をした当事者間だけでなく、第三者もその特約に拘束されるかが問題となる。「免責約款の第三者効」という問題だ。たとえば、前の例で、AがBに運送を頼んだのが高価な宝石で、それはAがCから預かっていたものだとしよう。そして、所有者のCが紛失したBに不法行為を理由に損害賠償請求をしたような場合である。AとBとの特約が、Cにも効力があるといえるだろうか。初学者にはやや難しい問題だが、諸君で考えてみてもらいたい（参考になる判例として、最判平成一〇年四月三〇日判時一六四六号一六二頁）。

二　故意・過失

さて、不法行為の要件を一つずつ検討してみよう。まずは、加害者の故意・過失の要件からである。七〇九条は、第一の要件として、故意または過失を要するとしている（第一の要件）。最も分かりやすくいえば、故意とはわざとしたこと、過失とは、不注意だったということであるが、もう少し正確にいえば、故意とは、結果の発生を認識ないし認容していることである。この故意があるときはもちろんだが、注意すれば結果の発生を認識しえたこと、すなわち過失があるときにも責任があるとされている。このように民法は、過失責任の原則をとっていて、故意または過失がなければ責任がない、不可抗力で他人に損害を生じさせたときには責任がないという扱いである。

三七　過失責任の原則

この過失責任の原則は、契約の自由、所有権の絶対と並んで、民法上の三原則の一つであり、今日でも日常生活ではあてはまる。

かつて大正時代に、大阪アルカリ事件があった。大阪アルカリ株式会社の工場から排出された、硫煙（亜硫酸ガス）によって周辺の農作物に被害が生じたという事件である。地主と小作人たちが、大阪アルカリ株式会社に損害賠償を請求する訴えを起こした。原審の大阪控訴院は、不法行為の成立を認めたが、大審院は原審の判決を破棄し、化学工業に従事する会社が、その事業によって生ずることのある損害を予防するために事業の性質に従い相当な設備を施した以上は、たまたま他人に損害を被らせたとしても、不法行為者として損害賠償の責任はないという判決を下した（大判大正五年一二月二二日民録二二輯二四七四頁・基本判例257）。被害を出したとしても、相当な設備をしていれば過失がないので責任はないというわけである。差戻しを受けた大阪控訴院は、審理をやり直した結果、大阪アルカリ株式会社は、十分な設備を施したとはいえないとして、再び責任を認める判決を出した。

この大審院の判決が示した考え方は、判例法理としては今日も維持されている。ただ現在では、専門家の注意義務を重視する考え方がとられていることは注意しておく必要がある。その一例として、輸血梅毒事件判決では、国立大学病院で輸血した血液の中に梅毒菌が含まれていたために、患者が梅毒にかかった場合に、その輸血をした医師に過失があったかどうかが問題となった。いまは輸血のための血液は献血がされていることは諸君も知っているだろう。だが、当時は血液が公けに売買されていて、病院は血液を買って集めていたのだが、自分の血液を売りにきた人（売血者）が売春婦に接したために梅毒に感染していることを医師が注意をすれば知ることができたかどうかが争点となった。普通は、そんなことは知り得ないように思われるが、判決は、いやしくも人の生命および健康を管理する業務である医業に従事する者は、その業務の性質に照らし危険防止のために実験上必要とされる最善の注意義務を要求されると述べて医師の過失を認め、国の責任を認めた（最判昭和三六年二月一六日民集一五巻二号二四四頁・基本判例258）。

さらに後に述べる公害について問題となるが（一三三以下参照）、公害の被害という結果が生ずるような場合には、その結果を引き起こした企業の側には、結果回避義務違反があり、予見する可能性がある限りは過失があるという見方がとられている。このような場合には過失責任の原則をとりながらも、実質的には無過失責任に接近する処理がされているといえる。

ともかく、民法は、加害者の故意または過失があることを要件としているわけで、加害者は過失があれば責任を負うことにしている。民法の一般原則では、不法行為をした加害者に軽過失（普通の過失という意味で、重過失に対して軽過失）があれば損害賠償責任を負うとされているわけだが、軽過失では責任を負わなくてよいとする特別法がある。明治三二年に制定された失火責任法（失火ノ責任ニ関スル法律）は、七〇九条の規定は、失火の場合には適用しない、ただし、失火者に重大な過失があったときは、この限りでないと定めていて、普通の過失（軽過失）による失火では、責任を負わないものとしている。これは、わが国で木造の家が多くて、延焼により火災の被害が広がりやすいため、失火者の責任を軽減する趣旨である。

五八　失火責任の特則

建物の賃借人がその建物と隣家を失火によって焼失させたときには、隣家については、この法律によって免責されるが、賃貸人に対しては債務不履行（四一五条）の責任を負う（大連判明治四五年三月二三日民録一八輯三一五頁・基本判例148）ことはまちがえないでほしい。失火により延焼を受けた隣人に対する責任は不法行為責任であるが、大家である賃貸人に対する責任は債務不履行責任だからである。つまり、この失火責任法は、あくまで不法行為の特則であって、債務不履行責任には及ばないということである。

三　責任能力

さて、次は、責任能力の要件である。過失の前提としては、責任を判断する能力が必要であり、民法は、加害者に責任能力という責任を負わせるに足りる能力を要求している（七一二条以下）。七一二条は、「未成年者は、他人に損害を加えた場合において、自己の行為の責任を弁識するに足りる知能を備えていなかったときは、その行為について賠償の責任を負わない。」と定めている。この「自己の行為の責任を弁識するに足りる知能」が責任能力である。民法には、意思能力、行為能力（制限行為能力）などいろいろな能力が出てくるが、ここでは自分の責任を認識・把握できる能力、すなわち、自分の行為が法的な非難を受けることを認識できる能力であるから、意思能力とか事理弁識能力よりは高いレベルが必要と考えられる。だいたい小学校卒業程度の一二歳前後で備わると考えられている。したがって、たとえば、五歳くらいの子供が石を投げて他人をけがさせたような場合は、その者には、責任を判断する能力がないので責任がないとされる。

五九　責任能力とは

また、七一三条本文は、「精神上の障害により自己の行為の責任を弁識する能力を欠く状態にある間に他人に損害を加えた者は、その賠償の責任を負わない。」と定めている。精神病者などが心神喪失中に他人に加えた損害については責任がない。この規定には但書があり、「ただし、故意又は過失によって一時的にその状態を招いたときは、この限りでない。」と定めている。刑法では、意図的に酒を飲んで、自分を責任能力のない状態にして犯罪を犯すことを「原因において自由な行為」と呼んで、原因行為が自由であるとして処罰できるという議論があるが、それと同じ発想の規定である。酒に弱いことを自覚する人が探酒して、酩酊状態で加害行為をしてしまったというような場合である。

六〇 責任無能力者の監督義務者の責任

加害行為者に責任能力がない場合には、不法行為責任を負わすことはできないわけであるが、それでは損害を被った被害者は、治療費なども請求できなくて困る。そこで民法はそういう場合には、そうした責任能力のない者（責任無能力者）を監督する義務ある者（たとえば小学生の親）が責任を負うものとした。すなわち、「前二条（七一二条および七一三条）の規定により責任無能力者がその責任を負わない場合において、その責任無能力者を監督する法定の義務を負う者は、その責任無能力者が第三者に加えた損害を賠償する責任を負う。ただし、監督義務者がその義務を怠らなかったとき、又はその義務を怠らなくてもその損害が生ずべきであったときは、この限りでない。」（七一四条一項）。五歳くらいの子供が石を投げたことによって他人に損害を生じさせたときには、子供自身には責任はないが、監督義務者である父母の責任が生ずるわけである。

しかし、但書によって監督義務者が自己に過失がなかったことを証明できれば免責の余地が認められているので、過失責任と無過失責任の中間にある責任という意味で、中間責任といわれる。一般に、この監督義務を怠らなかったことの証明に成功することは困難であり、なかなか免責は認められない（とはいえ、免責が認められた例もないわけではない。最判昭和四三年二月九日判時五一〇号三八頁）。

ここでの監督義務者の責任は、責任無能力者の違法行為を前提とすることはいうまでもない。責任能力のない子が他人に加えた傷害に違法性がないときは、親は責任を負わない（最判昭和三七年二月二七日民集一六巻二号四〇七頁）。

なお、さきほど失火責任法では、軽過失では責任を負わず、故意または重大な過失（重過失）でのみ責任を負うとされていることを説明したが（五八参照）、責任能力のない未成年者の行為により火災が発生した場合に、失火責任法にいう重大な過失の有無は、その未成年者についてではなく未成年者の監督義務者について考慮され、監督義務者は、その監督について重大な過失がなかったときは、右火災によって生じた損害を賠償する責任を免れるとされている（最判平成七年一月二四日民集四九巻一号二五頁・基本判例276）。七一四条の監督義務者の「過失」（条文上の文言では「その義務を怠らなかったとき」）に、失火責任法を単純にあてはめて、この「過失」を「重大な過失」と読み替えるということである。

六二　代理監督者の責任

監督義務者に代わって責任無能力者を監督する者（代理監督者）も、この責任を負う（七一四条二項）。その例として、託児所・幼稚園の保育士、小学校の教員、精神病院の医師、少年院の職員などがあげられる。実際に監督の事務処理をしていた者（個人）に責任を負わせようという趣旨であるが、末端ないし下位に位置づけられる職員ではなく、その事業体（託児所・幼稚園・小学校・精神病院・少年院）ないしその長が責任を負うべきではないかと議論のあるところである。

なお、法定の監督義務者（たとえば親）と代理監督者（たとえば小学校の教員）との責任は併存可能で、両者の責任が成立するときは、不真正連帯債務となると解されている。不真正連帯債務については債務総論で勉強したことだが覚えているだろうか。普通の連帯債務と同様に、各自が全額の賠償義務があるが、連帯債務と違って、一人に生じた事由が他の人に影響を及ぼさないというものである（詳しくは8二六五参照。共同不法行為の不真正連帯債務につき、本書九六参照）。

八二　責任能力のある未成年者とその監督義務者の連帯責任

さて、七一四条一項は、「責任無能力者がその責任を負わない場合において」としていて、あくまで、加害行為者に責任がない場合にのみ監督義務者の責任を認めているわけだが、これは、立法論として問題である。たとえば、一五歳くらいで責任能力のある者の場合には本人と共に、その親である監督義務者も連帯責任を負う場合を認めることが望ましいだろう。読者のみなさんも、具体例で考えてみてほしい。実際の判例の例でいえば、一五歳一〇か月の中学三年生ともなれば、一般に責任能力が備わっていることは疑いないところであるが、この中学三年生が同じ中学の一年生で新聞配達をしていた一三歳の少年を殺害して、集金してきた新聞代金を強奪したという場合、親は責任を負わなくてもいいだろうか。まして、その子が普段から非行に走っているのを放任していたような親には、責任がないといえないだろう。

そこで、判例は、未成年者が責任能力を有する場合でも、監督義務者の義務違反と当該未成年者の不法行為によって生じた結果との間に相当因果関係があるときは、監督義務者につき七〇九条に基づく不法行為が成立するとした（最判昭和四九年三月二二日民集二八巻二号三四七頁・基本判例275）。七一四条を適用したり類推適用したりしたわけではなく、あくまで親の監督義務違反によって生じた結果に対して、七〇九条を適用してその損害賠償責任を認めた判決ではあるが、子の責任と親の責任とが併存することを認めたことになる（併存的責任説）。

四 権利または法律上保護される利益の侵害

不法行為成立のための第二の要件として、権利または法律上保護される利益の侵害があることが必要である。この要件をめぐっては、重要な判例の変遷があることを踏まえておいてほしい。平成一六年に民法は文章を口語（現代語）にして分かりやすくするために全面的に改正されたが、改正前の民法七〇九条には、この部分は「他人ノ権利ヲ侵害シタル者ハ」と規定されていた。すなわち、条文上「権利」の侵害が要件とされていたわけである。そこで、かつての判例では、この「権利侵害」があったかどうかが問題とされてきた。有名な判例に、桃中軒雲右衛門浪曲レコード事件というのがある（大判大正三年七月四日刑録二〇輯一三六〇頁）。桃中軒雲右衛門というのは当時人気のあった浪曲のスーパースターだ。彼の浪花節は今でもCDで売られているから関心があれば聴いてみるとよいだろう（国立国会図書館のオンラインサービス「れきおん」で聴くことができる）。彼が吹き込んだレコードを勝手に複製してその海賊版を発売したことが不法行為になるかが問題となった事件だ。読者のみなさんは、そんなことをすれば不法行為になるのは当たり前だと思うかもしれないが、大審院は、浪花節に著作権が成立するかどうかと理論的に考えて、浪花節は音楽ではないから、著作権が認められない、権利が認められないのだから、「権利侵害」はない、

㊹ 権利侵害から違法性へ

だから、不法行為は成立しないとした。民法七〇九条の「権利ノ侵害」の要件を厳格に解したわけだ。

この判決に対して、学説は痛烈に批判したのだが、ついに大正末のいわゆる大学湯事件（大判大正一四年一一月二八日民集四巻六七〇頁・基本判例260）において、権利をゆるやかに解して、法律上保護すべき利益の侵害があれば不法行為が成立しうるとされた。学説も、不法行為で本質的に問題なのは、「権利侵害」よりも「違法性」にあるという考えから、「権利」の侵害とはいえなくても、加害者の行為が「違法」であると評価されるときは、不法行為の成立を認めてよいとする考え方（違法性説）が支配的になり、この大学湯事件の判決も、そうした立場を採用したものであると理解された。こうした判例の変遷・発展は「権利侵害から違法性へ」という言葉で表されている。平成一六年の七〇九条の改正により、権利の侵害だけでなく、法律上保護される利益の侵害の場合にも、不法行為が成立するとされたのは、判例の発展の成果であるといえよう。

権利性と利益を区別した最近の判例として、国立景観訴訟事件がある（最判平成一八年三月三〇日民集六〇巻三号九四八頁・基本判例269の2）。社会的に注目された事件だから、みなさんも聞いたことがあるかもしれない。東京のＪＲ国立駅前から一橋大学前に南にのびる大学通りは、桜や銀杏の並木があってたいへん景色のいいところである（一橋大学の教授・学長であられた川井健先生が何十年も通われた道である――良永）。ここに一八階建て（高さ五三メートル）の高層マンションの建設計画が持ち上がり、景観を壊すなと住民の反対運動がおこった。だが、結局一四階建て（高さ四四メートル）の高層マンションが完成したので、住民らがその撤去などを求めて訴訟を起こしたというものである。一審判決が、景観利益の権利性を認めて、完成したマンションの上層階（高さ二〇メートルを超える部分）の撤去を命じた。すでにできたマンションを壊せとはびっくりの結論であったので、大いに騒がれたわけだ。最高裁は、こうした良好な景観の恵沢を享受する利益（景観利益）は、法律上保護に値するものとし、大学通り周辺の景観に近接する地域内の居住者は、この景観利益を有するものとしたが、その違法性を否定して、撤去請求を否定した。

繰り返すが、不法行為が成立するためには、権利侵害が必要なのではなく、法律上保護される利益が違法に侵害されればよい（いまは条文上もそう考えることに問題はない）。では、違法性はどのように判断されるだろうか。我妻先生は、違法性の判断は、①どんな利益が侵害されたか（被侵害利益の種類・性質）と②どんな侵害の仕方をしたか（侵害行為の態様）との相関関係によって決するという考え方（相関関係説）を提唱された。生命や所有権など重大な利益の侵害は、侵害の仕方が軽度（過失）でも違法になるが、反対に、軽微な利益の侵害は、侵害の仕方が悪質なものでなければ違法とはいえないという具合に、侵害された利益と侵害の仕方との相関的な関係で、違法性を考えようという立場である。これが今日の判例・通説となっている。

六四　相関関係説

後でも述べるが（一三〇参照）、公害や生活妨害の事案では、この相関関係説の立場を基礎としつつ、被害者に社会生活上がまんの限度（受忍限度という）を超えるかどうかが違法性の判断基準とされている（受忍限度論）。受忍限度の判断要素としては、まず相関関係説であげられた二つの要素、すなわち、①被侵害利益の種類と性質（被害の内容・程度）、②侵害行為の態様のほか、侵害行為のもつ公共性ないし公益性（公共性・公益性があれば受忍限度内とされやすいことはいうまでもない）、地域性（どんな地域か）、先住性（被害者が被害発生地域に先に住んでいたかどうか）、行政的取締基準の遵守の有無（行政上の取締基準を超えているかどうか）、損害防止措置の難易、交渉経過ないし当事者の信義など、あらゆる要素が総合的に判断されるものとされている（大阪国際空港事件に関する最大判昭和五六年一二月一六日民集三五巻一〇号一三六九頁・基本判例270、国道四三号線事件に関する最判平成七年七月七日民集四九巻七号二五九九頁など）。騒音などの事件では、この受忍限度を超えているかどうかが争点となるわけである。読者のみなさんも、隣の部屋の音がうるさいとか、犬の鳴き声がうるさいとか、いろいろ隣近所のトラブルを経験したことがあるかもしれない。こうしたトラブルが殺人事件にまで発展することがあるが、社会生活をしていればお互いにある程度はがまんしあって暮らさなければいけないわけで、がまんの限度（受忍限度）を超えているときに違法となるのである。夜中にマンションやアパートで、カラオケをして大声を出したり、マージャンをして騒がしくするなどは、あまりに非常識、当然、隣近所に住む人のがまんの限度を超えるとされるだろうから、若い諸君は気をつけたほうがいいですね。

六五　財産権の侵害

財産権の侵害について特に問題があるのが債権侵害である。第三者による債権侵害が不法行為になるかどうか。債権は物権と違って排他性がなく相対的に弱い権利といえるし、また、債権は自由競争を建前とする資本主義社会では、自由競争に負けた者が勝った者に損害賠償請求することを認めるのも妥当とはいえない。したがって、第三者が債権を侵害したからいって直ちに違法とはいえず、その侵害の態様が問われなければいけない（相関関係説でいう被侵害利益の種類と性質がこのような債権であるから、侵害行為の態様が問題となるわけである）。

たとえば、他人の預金を勝手に引き出した場合（債権の帰属を侵害したので帰属侵害という）とか、働くことになっていた労働者を拉致監禁して使用者への労働をさせずに使用者に損害を与えたとかいうような場合には、そうした債権侵害は違法となるが、他方で、他社の社員を引き抜いたとか、他人が既に買った物を二重に買った（二重契約）とかは、それだけでは違法とはいえないということになる。

六六　身分権の侵害

身分権の侵害の一例として、夫婦の一方が配偶者以外の者と情交関係にある場合に、他方配偶者はその第三者に対して、夫婦という身分上の権利が侵害されたことを理由として損害賠償を請求することが認められるか、議論されている。いわゆる不倫の場合に、配偶者から不倫した相手に対する慰謝料請求できるかという問題である。簡単にいえば、夫が不倫した場合に、妻は、その不倫相手（普通は女性）を訴えることができるだろうか。読者のみなさんは、どう考えるだろうか。不倫は文化だといった芸能人も過去にはいたけれども、不倫の相手となったら、その相手の配偶者に対する不法行為になるか、それが違法かどうかということである。それが自然の愛情に基づいたものならば、違法ではなく、不法行為にならないという考え方もある。原審がそのように考えて不法行為にならないとしたのに対して、最高裁は、夫婦の一方の配偶者と肉体関係を持った第三者は、故意または過失がある限り、右配偶者を誘惑するなどして肉体関係を持つに至らせたかどうか、両名の関係が自然の愛情によって生じたかどうかにかかわらず、他方の配偶者の夫または妻としての権利を侵害し、その行為は違法性をおびるとして、妻から第三者たる女性に対する慰謝料請求を認めた（最判昭和五四年三月三〇日民集三三巻二号三〇三頁・基本判例274）。妻がいることを知って夫と不倫したら、それは愛情に基づくかどうかにかかわらず、妻の権利を侵害して、違法だというわけである。不倫はだめだ、許されないというわけである。みなさんはそんな考え方は古いというだろうか。学説も肯定説・否定説が拮抗二分しているほどの難しい問題になっている。さらに、詳しくはみなさんのほうで考えてみてほしい。その後の判例で、配偶者と第三者が肉体関係を持った時点で、すでに婚姻関係が破綻していたときには、特段の事情がない限り、不法行為責任は生じないとしたものが出た（最判平成八年三月二六日民集五〇巻四号九九三頁）。破綻していた後の不倫は、違法ではないということである。

なお、不倫して、妻子のもとを去って、その不倫相手と暮しはじめたような場合に、妻ではなく、子のほうからその相手の女性に対して慰謝料請求することができるかも問題となるが、前掲昭和五四年判決は、その子が日常生活において父親から愛情を注がれ、その監護、教育を受けることができなくなったとしても、その女性が害意をもって父親の子に対する監護等を積極的に阻止するような特段の事情がない限り、右女性の行為は、未成年の子が被った不利益との間に因果関係がないから、未成年の子に対する不法行為を構成するものではないとした。夫と不倫した女性は、妻には責任あるが、子には責任がないということであるが、それでよいかは異論もあるだろう。

空 人格権の侵害 人格権の侵害に関しては、七一〇条が、他人の身体、自由または名誉を侵害した場合と財産権を侵害した場合とを問わず、七〇九条の規定によって損害賠償の責任を負う者は、財産以外の損害に対しても、その賠償をしなければならないと定める。そこで、身体、自由、名誉が不法行為法上保護を受けることになる。さらに七一一条は、他人の生命を侵害した者は、被害者の父母、配偶者および子に対しては、その財産権が侵害されなかった場合においても、損害の賠償をしなければならないと定めており、生命も人格権の一つとして保護される。人格権の侵害の具体例は後述する（九九以下参照）。

六六 不当提訴 訴えの提起が違法とされる場合（不当提訴）がある。提訴者が当該訴訟において主張した権利または法律関係が事実的、法律的根拠を欠くものであるうえ、同人がそのことを知りながら、または通常人であれば容易にそのことを知りえたのに、あえて提起したなど、裁判制度の趣旨目的に照らして著しく相当性を欠く場合に限り、相手方に対する違法な行為となるとされる（最判昭和六三年一月二六日民集四二巻一号一頁）。

五 違法性阻却事由

究 違法性阻却事由 前述したように、権利ないし法律上保護される利益を違法に侵害したこと（違法性）が不法行為の成立要件である。前述したように、違法であるかどうかが争われることもあるが、通常は、権利ないし利益の侵害があり、加害者に故意・過失がある場合には、違法であると考えられるので、違法性については、ここで述べる違法性阻却事由の有無のみを問題にすればいい。

権利の侵害があるかのようにみえても、違法性阻却事由があれば不法行為は成立しない。違法性阻却事由とは、通常は違法性のある場合でありながら、特別の事由があるため、違法性がないとされる事由のことである。民法は、正当防衛と緊急避難について規定を置いているが、そのほか、正当行為ないし正当業務行為、被害者の同意・承諾がある場合、例外的に自力救済が認められる場合、事務管理が成立する場合などがある。ここでは、正当防衛、緊急避難、正当行為について説明しておこう。

七〇　**正当防衛**　七二〇条一項は、「他人の不法行為に対し、自己又は第三者の権利又は法律上保護される利益を防衛するため、やむを得ず加害行為をした者は、損害賠償の責任を負わない。ただし、被害者から不法行為をした者に対する損害賠償の請求を妨げない。」と定めている。無頼漢（ならず者）が突然殴りかかってきたのに対して、反撃するような場合を考えればよい。こうした他人の攻撃が不法行為の要件を満たしている必要はなく（たとえば故意または過失や責任能力の要件を満たしている必要はない）、単に違法な加害行為であればよい。

七一　**緊急避難**　七二〇条二項の規定は、「他人の物から生じた急迫の危難を避けるためその物を損傷した場合」について準用される（七二〇条二項）。人による不法行為ではなく、たとえば、犬がかみついてきたときに、「その犬」を棒でたたいたり、足でけったりして、犬を殺傷してしまったような場合を考えるとよい。あくまで「その物」を損傷した場合であるから、犬からかまれることを避けるため、逃げこんだ他人の家の盆栽を壊したような場合ではだめである。

七二　正当行為

医師の治療行為として他人の身体にメスを入れる行為のように、法律上許された行為も、正当行為（刑三五条参照）として違法性阻却事由であり、不法行為は成立しない。また、警察官の法令に基づく職務執行行為も、正当行為である。小学校の低学年の児童間での遊戯（鬼ごっこ）中の傷害については違法性が阻却され、傷害を与えた児童の監督義務者の責任は生じない（最判昭和三七年二月二七日民集二八巻二号四〇七頁）。こうした遊戯中の行為も、正当行為として違法性が阻却される場合があるということである。スポーツ中の行為も、同様とみてよいが、被害者側の承諾があるので違法性が阻却されると説明されることもある。

六　損害の発生と因果関係

七三　因果関係

不法行為成立のための第三の要件として、損害の発生、第四の要件として因果関係の存在が必要である。損害については、後に詳述するので（一五三以下参照）、ここでは因果関係の要件について説明しておこう。七〇九条は、故意または過失によって他人の権利または法律上保護される利益を侵害した者は、これに「よって」生じた損害を賠償する責任を負うと定めるのであるが、それは、加害者の行為と損害の発生との間に因果関係があることを必要とすることを意味する。

損害の発生もそうだが、因果関係の存在も、原告である被害者が証明しなければならない。過失とともに、因果関係の証明も争われることが多い。後で述べる四大公害訴訟（一二四～一二七参照）でも過失と因果関係の存在は争点であった。公害とか医療過誤とか薬害などの訴訟を現代型不法行為というが、それらはみな被害の発生過程・損害発生のメカニズムが複雑で、何が原因で、どのような形で損害発生に至ったのかの解明がなかなか困難である。たとえば、みなさんも知っているだろうが、あの水俣病を見ても分かるように、深刻な被害は発生しているが、その原因(物質)が何であるかが何年も分からないようなこともある。まして、加害者のどのような行為がその結果(損害の発生)をもたらしているのかを証明することは容易ではなく、因果関係の証明は、そうした訴訟の原告にとっては大きな壁となっているが、裁判においてそれを緩和すべくさまざまな考え方が出されてきた。

まず医療事故に関して、統計的因果関係という考え方がある。水虫にかかった学生が国立病院で治療を受けたところが、レントゲン照射が行われ、その後、皮膚癌が発生し、ついに両足を切断しなければならなくなった事例において、統計などのデータをもとにして、従来からの一般的な基準を超えてレントゲン照射を行ったときには皮膚癌の発生の可能性があり、そこには統計的にみて因果関係があるという判決が最高裁判所によって示された(最判昭和四四年二月六日民集二三巻二号一九五頁)。

次に、高度の蓋然性という考え方がある。これは東大ルンバール事件という裁判で示された考え方である。化膿性髄膜炎という病気で入院・治療を受けていた三歳の男児が、病気が快方に向かっているときに、ルンバール治療(分かりやすくいえば、背中から腰の骨に小さな穴をあけて髄液を採取し、抗生剤であるペニシリンを注入するという治療)を受けたところ、その一五分~二〇分後に、おう吐・痙攣の発作を起こして、右半身麻痺や知能障害などの重い障害が残ったという事案で、この発作を引き起こした原因がルンバール治療にあるかどうかが争点となった事件である。最高裁判所は、訴訟上の因果関係の立証は、一点の疑義も許されない自然科学的証明ではなく、経験則に照らして全証拠を総合検討し、特定の事実が特定の結果発生を招来した関係を是認しうる高度の蓋然性の証明で足りるとし、そして、その判定は、通常人が疑いを差し挟まない程度に真実性の確信を持ちうるものであることを必要とし、かつ、それで足りるとした（最判昭和五〇年一〇月二四日民集二九巻九号一四一七頁・基本判例272）。この東大ルンバール事件で出された「高度の蓋然性説」の考え方は、今日の因果関係の理論としてきわめて重要である。医師の不手際により結果が発生したかどうかは、通常人が疑いを差し挟まない程度に、なるほどそれが原因だなと確信できればいいというわけだ。法的な因果関係の証明は、自然科学でいう証明とは違うと明言している。その後の判例は、みなこの高度の蓋然性があったかどうかで判断するようになっている。

この高度の蓋然性説の考え方は、なにも医師が作為的に間違った治療をしたというだけでなく、本来するべき適切な治療をしなかった場合（不作為）にも、適用されている。たとえば、医師が肝硬変の患者について肝細胞がんを早期に発見するための検査を実施しなかったことと死亡との間には因果関係がないとはいえないとした例（最判平成一一年二月二五日判時一六六八号六〇頁）などである。

では、高度の蓋然性が証明できなかったらどうだろう。普通は証明ができないのだから因果関係なしということで、原告の損害賠償請求は棄却されることになりそうだ。しかし、判例はさらに緩和する理論を出した。早朝、背中が痛いので、救急病院で診察を受けた男性が診察開始から約一五分後に死亡してしまったという事件である。この男性の病状は、診察を受けたときには、すでに狭心症から心筋梗塞に移行していたのだが、医師がそれより軽い急性すい炎だろうと思ったために、心電図の測定とかニトログリセリンの舌下投与等など初期治療として行うべき基本的な治療をしなかったというのである。とはいえ、そうした本来やるべき治療をしたからといって、その男性の命が救えたかどうかは、分からない（救命の可能性は二〇％以下の確率だったという）場合であった。適切な治療をしていれば助かったかもしれないが、それでも助からなかったかもしれないというのでは、高度の蓋然性理論をもってしても、因果関係ありということはできない。一審は、そうした考え方から、因果関係を否定して、原告となったこの男性の遺族の損害賠償請求を否定した。しかし、最高裁は、医療行為と患者の死亡との因果関係の存在は証明されないけれども、医療水準にかなった医療が行われていれば、患者がその死亡の時点においてなお生存していた相当程度の可能性が証明されるときは、医師は、患者に対し、不法行為責任を負うとした（最判平成一二年九月二二日民集五四巻七号二五七四頁）。死亡にいたった高度の蓋然性が証明できなくても、死亡時点で生存していた相当程度の可能性があればよいとしたわけだ。死亡との因果関係が高度の蓋然性理論では否定されるときであっても、損害賠償請求が認められることになったのだから、原告には格段に有利になった。他方、学説では、結果はともかく、適切な治療を受ける機会を喪失したことが問題で、そのこと自体で損害賠償を認めてよいとする説（「機会の喪失」理論）や適切な治療を受けられるという患者の期待を裏切ったことが問題で、そのこと自体で損害賠償を認めてよいとする説（期待権説）も有力に主張されている。

さて、このほか、公害などについては、疫学的因果関係という考え方がある。疫学とは読者のみなさんには聞き慣れない学問かもしれないが、簡単にいえば、病気の特性やその原因物質、感染経路などを研究・解明する学問である。この疫学の手法を使って、因果関係を認定しようというものである。

後に公害のところで取り上げるイタイイタイ病事件（一二四参照）についても、カドミウム汚染がはたして鉱山からの排出による被害かどうかについて問題となったが、地裁・高裁の判決は、厳密な意味の科学的な因果関係が証明されなくても、疫学的にみて一定の被害が生じうる場合に、現にそれと同じ症状があらわれているときには、汚染物質の排出と被害との間に因果関係があるという見方をとっている（富山地判昭和四六年六月三〇日判時六三五号一七頁、名古屋高金沢支判昭和四七年八月九日判時六七四号二五頁）。さらに、新潟水俣病事件の地裁判決は、①被害疾患（有機水銀中毒症である新潟水俣病）の特性とその原因物質、②原因物質が被害者に到達する経路（汚染経路）の二つが矛盾なく説明でき、汚染源の追及がいわば企業の門前にまで到達すれば、因果関係の証明はそれでよく、あとは、企業側が、自己の工場が汚染源になり得ないことを証明しない限りは、因果関係の存在は推認され、法的因果関係は立証されたものと解してよいとした（新潟地判昭和四六年九月二九日下民集二二巻九＝一〇号別冊一頁・基本判例273）。汚染源の追及は企業の門前まででよく、加害企業における原因物質の排出（生成・排出に至るまでのメカニズム）の証明はしなくてよいとしたもので、門前到達説といわれる考え方である（一二五参照）。

因果関係をめぐってもいろいろな判例・裁判例があるが、ここではそのくらいにしておこう。

第二　特殊不法行為

七四　特殊不法行為とは　ここまで、普通の不法行為（一般不法行為）の要件を述べてきた。もう一度簡単にいえば、加害者の故意・過失、責任能力、権利または法律上保護される利益の侵害（違法性）、損害の発生と因果関係である。民法には、特殊の要件を定めた不法行為、すなわち特殊不法行為がある。責任無能力者の監督者の責任についてはすでに述べたので（六〇・六一参照）、ここでは、そのほかのものを述べる。

一　使用者責任

七五　使用者責任とは　A会社の従業員Bがその会社の取引上の行為で、第三者Cに損害を与えた場合には、その第三者Cに対してA会社が不法行為責任を負う。雇っている会社が「使用者」で、雇われている従業員が「被用者」である。そこで、民法七一五条一項は、「ある事業のために他人を使用する者は、被用者がその事業の執行について第三者に加えた損害を賠償する責任を負う。ただし、使用者が被用者の選任及びその事業の監督について相当の注意をしたとき、又は相当の注意をしても損害が生ずべきであったときは、この限りでない。」と定めている。つまり、本文は、いやしくも被用者が事業の執行について他人に損害を加えた以上、使用者は責任を負うべきであり、原則的には使用者の責任は認められることになっているが、但書は免責の余地を認めているから、完全な無過失責任ではなく中間責任に属している。中間責任であるが、実際には使用者の免責は容易には認められないので、事実上は無過失責任に近いものとなっている。

民法は、従業員のした不法行為の責任をなぜ会社に負わせることにしたのであろうか。実質論でいえば、そのほうが被害者の救済に役立つということがある。通常多くは、従業員本人よりも、会社のほうに財産があるので、会社に損害賠償請求できればより確実に賠償金がとれることになって被害者には有利である。そして、理論的になぜ会社が責任を負うかについては、報償責任という考え方がその根拠にあげられている。「利益に帰するところ損失もまた帰すべき」の考え方である。つまり、いやしくも他人を使用して事業活動を営んで利益をあげる以上、生じた損害を賠償すべきだという考え方である。なお、企業が被用者の不法行為につき使用者責任を負うことが多いが、企業自体の不法行為（七〇九条）も成立しうる。

六六　使用者責任の要件

さて、使用者責任の要件であるが、第一に、使用者・被用者の関係（使用関係）があることが必要である。ある事業のために他人を使用し、その被用者が不法行為をした場合に使用者責任が生ずる（七一五条）。被用者とは、報酬の有無、期間の長短を問わず、広く使用者の選任によりその指揮監督のもとに使用者の経営する事業に従事する者をいう（大判大正六年二月二二日民録二三輯二一二頁）。雇用関係がある場合が多いが、それがなくてもよく、指揮・監督の及ぶ関係があればよい。請負において、注文者は、請負人がその仕事について第三者に加えた損害を賠償する責任を負わないが（七一六条）、請負関係には常に七一五条の適用がないというわけではなく、請負関係にも七一五条の適用はありうるが、たとえば、下請負人の被用者の不法行為が元請負人の事業の執行についてされたものと判断されるためには、直接間接に被用者に対し元請負人の指揮監督関係が及んでいる場合であることを要する（最判昭和三七年一二月一四日民集一六巻一二号二三六八頁）。結局、使用関係の判断では、指揮監督関係があるかどうかが重要なのである。兄が弟に兄所有の自動車を運転させるという場合にも、使用者・被用者の関係がありうる（最判昭和五六年一一月二七日民集三五巻八号一二七一頁・基本判例277）。兄と弟の間に、使用者と被用者の関係があるというとおかしな感じだが、ここでいう使用者・被用者は、そうした法的な観念を表す言葉ということであると理解しなければいけない。

使用者責任の要件として、第二に、被用者が不法行為をしたことである。被用者の行為については、七〇九条の一般不法行為の要件を満たすことが必要である。その結果、被用者個人にも不法行為責任が成立することになるが、被用者の不法行為責任と使用者責任との関係は、不真正連帯債務（8二六四以下参照）となる（後述八二、九六参照）。

使用者責任の要件として、第三に、事業の執行についてされた行為であることを要する。この事業執行性の要件が一番重要な要件であり、解釈論上の問題が多いところである。何をもって「その事業の執行について」といえるだろうか。「事業の執行について」とは、事業そのものに限られず、事業に関連して行われる行為を含むとされるが、具体的にどの程度の関連があればよいのだろうか。たとえば、出勤の途中にコンビニで万引きをしたなどは、勤務に関連がないわけではないが、会社がその責任を負うと考えるべきではないだろう。他方、厳密に会社の事業のためにした行為に限定するのも狭すぎよう。このことから、ここでいう「事業の執行について」は、使用者の利益を図る「事業の執行のために」よりは広く、「事業の執行に際して」よりは狭いなどといわれてきた。「ために」よりは広く、「際して」よりは狭いというのも感覚的には分かるが、これで正確に判断・区別することはできない。そして、現在で、行為の外形から客観的に判断されるようになっているが、これについては項を改めて、詳しく説明しよう。

七　事業の執行についての外形理論　被用者が事業の執行について行為をする意図を有しなくても、行為の外形からみて事業の執行とみられれば事業の執行についてされた行為とみられる。行為の外形を標準として判断するということから、外形理論とか外形標準説という。判例からその例をあげれば、株式会社の庶務課長が地位を濫用して偽造株券を発行した行為は、事業の執行についてされた行為とされる（大判大正一五年一〇月一三日民集五巻七八五頁・基本判例278。同旨、最判昭和三二年七月一六日民集一一巻七号一二五四頁、最判昭和五〇年一月三〇日民集二九巻一号一頁）。また、通産省の大臣秘書官が辞表提出後ではあるが、私用のため通産省職員の運転手に運転させていた通産省の車が事故を起こしたときも、「事業の執行につき」に該当するとされた（最判昭和三〇年一二月二二日民集九巻一四号二〇四七頁・基本判例279（一三参照））。同旨、最判昭和三七年一一月八日民集一六巻一一号二二五五頁、最判昭和四三年九月二七日民集二二巻九号二〇二〇頁）。事業の執行についてを外形から判断するので、被用者のした取引行為による不法行為の場合には、相手方が事業の執行についてでないことにつき悪意・重大な過失があるときは、使用者責任を問うことはできない（最判昭和四二年一一月二日民集二一巻九号二二七八頁・基本判例280）。外形理論は、相手方の信頼を保護しようという理論であるから、悪意・重過失がある場合には、保護する必要はないわけである。

取引行為による不法行為（取引的不法行為）の場合には、取引先の相手方の信頼を保護するために外形理論は有効に機能するのであるが、交通事故のような事実行為の場合には、相手方が行為の外形を信頼して事故にあったということはないので、外形理論は理由づけとしては妥当ではないともいえる。そこで、自動車事故や暴行など事実行為による不法行為（事実的不法行為）には、外形理論は適用されないという学説も有力である（その場合には、事実的不法行為の判断基準が必要となる）。なお、後述の昭和三〇年に制定された自動車損害賠償保障法は、自動車の運行供用者責任（同法三条）につき、無過失責任に近い責任を法定して、外形理論を不要にするに至った（一一四以下参照）。

七六　第三者に生じた損害

使用者責任は、第三者に生じた損害であることを要する。ここでいう第三者は、使用者および加害行為をした被用者以外の者のことである。被害者も同一使用者に雇われている被用者であったらどうであろうか。第三者といえるだろうか。使用者でもなく、加害者である被用者でもないので、第三者という扱いになる。判例は、加害者である被用者と被害者である被用者がその業務の共同担当者であったときでも、使用者は被害者である被用者に対して使用者責任を負うとしている（最判昭和三二年四月三〇日民集一一巻四号六四六頁）。被用者本人およびこれと同視すべき地位にある者が受けた損害は、使用者責任の対象とならない。

使用者が被用者の選任およびその事業の監督について相当の注意をしたとき、または相当の注意をしても損害が生ずべきであったことを使用者が立証した場合には、使用者は免責される（七一五条一項但書）。相当の注意をしても損害が生じたであろうというのは、相当の注意をしてもとうてい損害の発生を免れえない場合を指し、相当の注意をしても、あるいは損害が発生するかもしれないというような場合を意味しないとされる（大判大正四年四月二九日民録二一輯六〇六頁）。この免責の立証は事実上きわめて厳格に扱われ、免責を認めた事例はあまりない。

七九 免責

前述した失火責任法と七一五条一項但書との関係については問題がある。失火責任法は、前述したように、失火者に故意または重大な過失があった場合にのみ不法行為責任を負い、軽過失では責任を負わないとするものであるが（五八参照）、被用者が失火によって他人の物を焼失させたような場合に、この重大な過失に限定した失火責任法とどのような関係になるであろうか。重大な過失は被用者について判断し、使用者の選任・監督について判断されるのではないというのが判例の立場である。すなわち、被用者の行為について失火責任法が適用され、重大な過失がない限りは、被用者は不法行為責任を負わないので、使用者も使用者責任を負わない。他方、被用者に重大な過失がある場合には、使用者に被用者の選任・監督について重大な過失がなくても、使用者責任を負うことになるわけである（最判昭和四二年六月三〇日民集二一巻六号一五二一頁）。

八〇 代理監督者の責任

使用者に代わって事業を監督する者（代理監督者という）も、七一五条一項の責任を負う（七一五条二項）。会社の工場長や現場監督者などが代理監督者であり、使用者と同様の責任を負う。法人の代表者は、その代表機関であるというだけではなく、現実に被用者の選任・監督を担当していたときに限り、当該被用者の行為について責任を負うとされる（最判昭和四二年五月三〇日民集二一巻四号九六一頁）。

八二　求償権

使用者や代理監督者は、被害者に賠償をしたときは、不法行為をした被用者に対し求償をすることができる（七一五条三項）。全額の求償ができるとは限られない。使用者は保険の利用によって損害に対応することも可能であり、報償責任の観点から、被用者の行為で利益を得ている使用者が第三者に賠償した全額を被用者に求償して、負担させるのは妥当でないと考えられる。判例では、使用者は労働条件その他諸般の事情に照らし、損害の公平な分担という見地から信義則上相当と認められる限度で求償をすることができるとし、具体的には損害の四分の一の求償を認めたものがある（最判昭和五一年七月八日民集三〇巻七号六八九頁・基本判例281）。信義則から求償権の行使が制限されているということである。

八三　使用者の責任と被用者の責任との関係

使用者の責任と被用者の責任とは不真正連帯債務の関係にあると解されている（最判昭和四六年九月三〇日判時六四六号四七頁）。不真正連帯債務については、債権総論で詳しく説明したが（8二六四参照）、連帯債務の絶対効に関する規定（四三四条〜四三九条）が適用されない関係である。したがって、その結果、七一五条により使用者が負担する損害賠償義務は、被用者が第三者に対して負担する損害賠償義務が消滅時効にかかったからといって、当然には消滅しないとされる（大判昭和一二年六月三〇日民集一六巻一二八五頁）。

八三　公務員の不法行為の場合　従業員のした不法行為については、その従業員の勤める会社が責任を負うのが使用者責任だが、これと似たものに、国や公共団体に仕える公務員の不法行為については、国や公共団体が責任を負うことが定められているので、使用者責任に関連して、ここでその責任について説明しておこう。

第二次世界大戦の前には、国家無答責といって、国は国民に損害を与えても民事責任を負わないという考え方がとられていたが、日本国憲法一七条は、「何人も、公務員の不法行為により、損害を受けたときは、法律の定めるところにより、国又は公共団体に、その賠償を求めることができる。」とされ、その法律として、国家賠償法が定められた。国家賠償法（以下、国賠法と略す）一条は、七一五条と同趣旨の規定であって、「国又は公共団体の公権力の行使に当る公務員が、その職務を行うについて、故意又は過失によって違法に他人に損害を加えたときは、国又は公共団体が、これを賠償する責に任ずる（一項）。前項の場合において、公務員に故意又は重大な過失があったときは、国又は公共団体は、その公務員に対して求償権を有する（二項）。」と定めている。

国または公共団体が国賠法に基づき損害賠償責任を負う関係は、実質上、民法上の不法行為により損害を賠償すべき関係と性質を同じくするから、国賠法一条に基づく損害賠償請求権は私法上の金銭債権であって、公法上の金銭債権ではない（最判昭和四六年一一月三〇日民集二五巻八号一三八九頁）。

すべての公務員の行為に国や公共団体が損害賠償責任を負うわけではなく、「公権力の行使に当る」公務員とされている。国賠法一条で解釈上一番問題なのは、何が「公権力の行使」に当たるかである。

いろいろな学説があるところであって、「公権力の行使」というと何か厳格な権力的な命令や強制を伴う行為でなければいけないようにも読めるが、判例は、そのように限定せずに、「公権力の行使」は広義に解され私経済的作用を除くが、戸籍、登記、証明事務などのすべての公行政作用を含むとされている（公立学校における教師の教育活動も含まれるとし、中学校プール事故につき市の責任を認めた最判昭和六二年二月六日判時一二三二号一〇〇頁）。七一五条と比べると、選任・監督についての注意による免責が定められておらず、また公務員の通常の活動を制限しないため求償権の行使を制限している。

また、「職務を行うについて」も七一五条の場合と同様、外形的に判断される。すなわち、国賠法一条は、公務員が主観的に権限行使の意思をもってする場合に限らず、自己の利を図る意図をもってする場合でも、客観的に職務執行の外形を備える行為をし、これによって他人に損害を加えた場合には、国または公共団体に損害賠償の責めを負わせて、広く国民の権益を擁護するのが立法の趣旨であるとされる（最判昭和三一年一一月三〇日民集一〇巻一一号一五〇二頁）。

故意・過失は、民法七〇九条の場合と同義である。

なお、国または公共団体がこの国家賠償責任を負う場合には、公務員個人は責任を負わないと判例・通説は解している（個人責任否定説。最判平成一九年一月二五日民集六一巻一号一頁）。

二　請負における注文者の責任

八四　請負における注文者の責任

建物を建設中の請負人が建築資材を落下させて、通行人をけがさせた場合に、注文者は不法行為責任を負うだろうか。民法七一六条は、「注文者は、請負人がその仕事について第三者に加えた損害を賠償する責任を負わない。ただし、注文又は指図についてその注文者に過失があったときは、この限りでない。」と定めている。請負人は仕事につき注文者から独立した立場にあるので、注文者は原則として責任を負わないことが注意的に定められているわけである。

三　土地工作物責任

八五　土地工作物責任とは

これまで述べてきたように、過失責任が民法の原則であるが、民法自体が無過失責任を認めたものもある。土地工作物に関する所有者の責任である。民法七一七条一項は、次のように定めている。すなわち、「土地の工作物の設置又は保存に瑕疵があることによって他人に損害を生じたときは、その工作物の占有者は、被害者に対してその損害を賠償する責任を負う。ただし、占有者が損害の発生を防止するのに必要な注意をしたときは、所有者がその損害を賠償しなければならない。」（七一七条一項）。占有者については免責の余地があるので、前に述べた中間責任であるが、所有者については、免責の余地がない。土地工作物の所有者の無過失責任が認められているわけである。危険な物の占有者、所有者に重い責任を負わせるという危険責任がその根拠となっている。ただ要件としては、設置または保存に瑕疵があるということを前提とするので、その意味で責任を生ずる要件はやや厳格に扱われているということができる。

なお、特別法で無過失責任をとるものとしては、後述の国家賠償法二条（八九参照）のほか、鉱山からの鉱害につき鉱業法一〇九条、大気汚染防止法二五条、水質汚濁防止法一九条、原子力損害の賠償に関する法律三条、船舶油濁損害賠償保障法三条、製造物責任法三条がある。これらのうちいくつかのものについては、後述する。

八六　土地工作物責任の要件

要件の第一に、土地工作物による被害であることが必要である。ここでいう工作物には、建物や塀などのように土地に施された設備が含まれる。しかし、機械、自動車のような動産は除かれる。判例では、工作物とは、建物、壁や塀のように土地に接続して築造した設備を指し、機械のように工場内にすえつけられたものを意味しないとされるが（大判大正元年一二月六日民録一八輯一〇二二頁）、小学校の遊動円木（丸太をブランコのように揺らして遊ぶものである。大判大正五年六月一日民録二二輯一〇八八頁）、炭鉱で炭車を巻き上げるワイヤロープ（最判昭和三七年四月二六日民集一六巻四号九七五頁）は工作物に当たるとされる。なるべく土地工作物を広義に解することが望まれる。

要件の第二に、設置・保存の瑕疵があることが必要である。瑕疵とは客観的にその工作物が本来備えるべき安全性を欠くことであるが、まずは本来の性能を欠く欠点がそうである。市の下水道設備の一部であるポンプの運転使用によって隣接する家屋に振動による損害を与えた場合（大判大正一三年六月一九日民集三巻二九五頁）、高圧線のゴム被覆の破損による感電事故の場合（最判昭和三七年一一月八日民集一六巻一一号二二一六頁・基本判例286）には、設置・保存の瑕疵があるとされる。

また、安全性を欠くのも瑕疵である。鉄道の踏切に本来施すべき保安設備が欠けていることも瑕疵とみられる（最判昭和四六年四月二三日民集二五巻三号三五一頁・基本判例287）。踏切としての機能に欠陥がある場合には、工作物としての踏切に瑕疵があるということである。物理的な性状の瑕疵のみならず、機能上の瑕疵も含むとされたことの意義は大きい。

瑕疵の有無を土地工作物の客観的性状から判断するのが通説だが、瑕疵は設置・保存についての義務違反であるとする学説、さらに七一七条を過失責任の一場合ととらえる学説もある。しかし、過失概念と瑕疵概念は区別すべきであり、同条は、無過失責任を定めたものとみるべきであろう。

要件の第三に、損害の発生が必要である。損害は現に生じたこと（実損）が要件である。七階建てマンションの建築によりビル風による被害がまだ現実に発生していないにもかかわらず、将来発生するおそれがあるとして、隣接平屋家屋の所有者がその予防のためにした工事費用は、工事をせざるをえない特段の事情がない限り、その工事のために出捐した費用の損害が生じたとはいえないとしたものがある（最判昭和五九年一二月二一日判時一一四五号四六頁）。損害は実際に生じたものであることが必要である（実損主義）というわけである。

八七　土地工作物責任の効果

1　占有者の責任　第一次的には、その土地工作物の占有者が責任を負う。すなわち、土地の工作物の設置または保存に瑕疵があることによって他人に損害を生じたときは、その工作物の占有者は、被害者に対してその損害を賠償する責任を負う（七一七条一項本文）。実際は直接の占有者でなくても、賃貸人のように、直接占有者である賃借人の占有を通じて占有している間接占有者も責任を負う。一例として、国が連合国占領軍接収に応じて建物をその所有者から賃借して同軍に使用させた場合には、その建物の設置・保存の瑕疵に起因する損害につき、間接占有者である国は七一七条一項にいう占有者として責任を負うべきものとされる（最判昭和三一年一二月一八日民集一〇巻一二号一五五九頁）。

前述したように、占有者が必要な注意をしていたときには、占有者は責任を負わない（中間責任）。

2　所有者の責任　占有者が損害の発生を防止するのに必要な注意をしたときは、所有者がその損害を賠償しなければならない（七一七条一項但書）。第二次的には、所有者が責任を負うということであるが、この所有者の責任は免責の余地がなく、完全な無過失責任である。

なお、設置・保存の瑕疵が、前の所有者の所有の際に生じた場合でも、現在の所有者は責任を負わなければならない（大判昭和三年六月七日民集七巻四四三頁）。

3　竹木の栽植・支持の瑕疵についての責任　七一七条一項の規定は、「竹木の栽植又は支持に瑕疵がある場合について準用する。」としている（七一七条二項）。

4　求償　求償が認められる。すなわち、七一七条一項および二項の場合において、損害の原因について他にその責任を負う者があるときは、占有者または所有者は、その者に対して求償権を行使することができる（七一七条三項）。たとえば、ブロック塀の工事をした業者の工事の不手際で、ブロック塀が倒壊して通行人が死傷したような場合には、ブロック塀の所有者が土地工作物責任で損害賠償を支払った後は、その業者に求償権を行使して、支払った損害金の支払を求めることができる。

八八　土地工作物責任と失火責任法との関係　煙突、電柱などの電気施設といった土地工作物の瑕疵によって火災を生じた場合には、失火責任法が適用され、重過失がなければ責任を負わないだろうか。それとも失火責任法の適用はなく、民法七一七条によって所有者は無過失責任を負うだろうか。加害者の責任を軽減した失火責任法と、これとは反対に、加害者である所有者の責任を重くした民法七一七条のいずれが適用されるというべきだろうか。読者のみなさんは、どう思われるだろうか。

古い判例には、土地の工作物の設置・保存に重大な過失があれば、所有者は民法七一七条の責任を負うとしたものがある（大判昭和七年四月一一日民集一一巻六〇九頁）。民法七一七条に失火責任法をはめこんだわけである。

これに対して、学説には、第一に、失火責任法のみが適用され、七一七条の適用が排除されるとする説、第二に、七一七条のみが適用され、失火責任法が適用されないとする説、第三に、中間説として、当該土地工作物の瑕疵については失火責任法の適用の余地がないが、延焼部分については失火責任法の適用があるとする説がある。近時の下級審には、第一説をとるもの（東京高判平成三年一一月二六日判時一四〇八号八二頁、東京地判平成五年七月二六日判時一四八八号一一六頁など）と第三説をとるもの（横浜地判平成三年三月二五日判時一三九五号一〇五頁など）が多いようである。失火責任法が延焼部分の賠償責任を重過失に限定した趣旨を考えれば、第三説が妥当であろう。

国や公共団体については、使用者責任と類似する責任として公務員の公権力行使の責任があったが、土地工作物責任に類似するものとして、営造物責任というものがある。

八九　営造物責任

七一七条と同趣旨の条文が国家賠償法二条にある。すなわち、「道路、河川その他の公の営造物の設置又は管理に瑕疵があったために他人に損害を生じたときは、国又は公共団体は、これを賠償する責に任ずる。」（国賠二条）。道路や河川の設置・管理の瑕疵によって生じた損害については、無過失責任を認める趣旨である。その要件は、以下のとおりである。

第一に、道路、河川その他の公の営造物であること。国または公共団体が事実上管理する状態にあれば足り、必ずしも権原によることを要しない（最判昭和五九年一一月二九日民集三八巻一一号一二六〇頁）。地方公共団体が溜池の堤塘工事を施行しても、その溜池を事実上管理していなければこの責任を負わない（最判平成四年三月三日判時一四五三号一二五頁）。

第二に、設置または管理に瑕疵があること。ここで「瑕疵」とは、民法七一七条の土地工作物責任と同様、営造物が客観的に通常有すべき安全性を欠いていることである（土地工作物責任で述べたと同様、性状瑕疵だけでなく、機能的瑕疵も含む）。道路は人工的なものだから国道の落石事故（最判昭和四五年八月二〇日民集二四巻九号一二六八頁。**一九**参照）や国道上での故障車の放置（最判昭和五〇年七月二五日民集二九巻六号一一三六頁）のような場合に瑕疵が容易に認められるのであるが、河川の場合には道路と違って人工的なものではなく、自然公物であるから、特別な考慮が必要である。すべての河川を改修が完了しておくべきだというふうに考えるわけにはいかないからである。判例は、河川の未改修部分から水害が発生したときに、常に河川の管理に瑕疵があるとはいえないとしている（最判昭和五九年一月二六日民集三八巻二号五三頁―大東水害事件。同旨、最判平成五年三月二七日判時一四六九号三二頁、最判平成六年一〇月二七日判時一五一四号二八頁、最判平成八年七月一二日民集五〇巻七号一四七七頁―平作川水害事件）。こうした判決の基準に従いながらも、多摩川水害事件判決は、改修・整備された河川については、河川管理の一般的基準および社会通念に照らして是認しうる安全性を欠くときは瑕疵があるとし（最判平成二年一二月一三日民集四四巻九号二八六頁）、差戻後、東京高裁は、国の責任を認める判決を下した（東京高判平成四年一二月一七日判時一四五三号三五頁）。

騒音についても、営造物の瑕疵が認められる（空港につき最大判昭和五六年一二月一六日民集三五巻一〇号一三六九頁・基本判例270、一三〇参照）―大阪国際空港事件、道路につき（最判平成七年七月七日民集四九巻七号一八七〇頁―国道四三号線事件）。

被害者が通常予測できない行動をしたために被害が発生した場合には、瑕疵があるとはいえないとされる。たとえば、道路の一方の崖の部分にある防護橋に腰かけていた六歳の子供が四メートル下に落ちてけがしたというような場合には、防護柵は腰かけるためにあるのではなく、通常予測できない行動によって被害が生じたわけたから、そのようなときには瑕疵があるとはいえないという判決も出ている（最判昭和五三年七月四日民集三二巻五号八〇九頁。同旨、最判平成五年三月三〇日民集四七巻四号三二二六頁）。

四　動物占有者の責任

九〇　動物占有者の責任

次は、動物が他人に損害を加えたときの問題である。散歩させていた犬が子供に噛みついたような場合に、誰が責任を負うだろうか。民法は、動物の占有者に、特別の重い責任を負わせている。すなわち、民法七一八条一項は、次のように定めている。「動物の占有者は、その動物が他人に加えた損害を賠償する責任を負う。ただし、動物の種類及び性質に従い相当の注意をもってその管理をしたときは、この限りでない。」但書によって免責の余地があるから、動物占有者の責任は、中間責任であるが、危険責任の考え方から、占有者に重い責任を負わせたものである。実際には、所有者は占有者であることが多いだろうが、所有者は賠償義務者とされていないことは注意を要する。あくまで動物の制御（コントロール）ができる者に責任を負わせる趣旨である。

誰を動物の占有者とみることができるかも問題となることがある。判例のケースでいえば、父所有の農耕馬を長男が父の農作物の収穫に使用したときは、長男は独立の所持（一八〇条）をしていない占有補助者にすぎず、父が占有者の責任を負うとされた（大判大正四年五月一日民録二一輯六三〇頁）。動物の飼主がその子供や使用人に動物を散歩させていた場合に、動物が他人に損害を加えたときも、飼主が占有者として責任を負い、右の子供や使用人は占有補助者にすぎないとされた（最判昭和三七年二月一日民集一六巻二号一四三頁・基本判例288）。

また、占有者に代わって動物を管理する者（管理者）も、七一八条一項の責任を負う（七一八条二項）。不在中隣人に犬を預けていたときにその犬が他人に損害を加えた場合、隣人は管理者として責任を負う。この場合には七一八条一項によって占有者も責任を負う。占有者の責任と管理者の責任は重複するわけである（責任重複説）。ただし、占有者が独立の所持をする管理者とまったく同じ注意義務を負うわけではなく、占有者が自己に代わって動物を管理者に保管させたときは、占有者は、動物の種類および性質に従い、相当の注意をもってその管理者を選任・監督したことを挙証すれば免責される（最判昭和四〇年九月二四日民集一九巻六号一六六八頁）。

五 共同不法行為

九二 共同不法行為とは 不法行為の特則の最後は共同不法行為である。数人の共同による不法行為があった場合に、被害者の救済のため、加害者の連帯責任が認められる。すなわち、数人が「共同の不法行為」によって他人に損害を加えたときは、各自が連帯してその損害を賠償する責任を負う（七一九条一項前段）。共同不法行為者が連帯債務を負うので、その中に無資力者がいても、被害者は、他の加害者から全額の損害賠償を受けることができるので（四三二条）、被害者の救済が図られることになる。このように被害者救済に役立つことが共同不法行為の趣旨であり、メリットであるが、他方で、加害者には自分が直接にしていないことまで責任を負わされることになるわけであるから、民法の原則である個人主義・自己責任の考え方からすれば安易に適用を認めるわけにもいかない。しかして、要件上どのような場合に、共同不法行為と扱ってよいかが問題となるのである。
共同不法行為といわれるものには、三つの場合がある。第一に、狭義の共同不法行為といわれるもの、第二に、加害者不明の共同不法行為といわれるもの、第三に、教唆者および幇助者の場合である。それぞれについてみていこう。

九二　狭義の共同不法行為

まず最初は、本来の意味での共同不法行為、すなわち「狭義の共同不法行為」である。A・Bが共同してCに暴力を加えた場合がその例であり、みんなで共同して不法行為を行った場合である。七一九条一項前段が定めている。その要件は、以下のように考えられている。

要件の第一として、各自の行為が不法行為の要件を満たしていることが必要である。すなわち、各自の行為が故意・過失、権利・利益の侵害（違法性）、因果関係の要件を満たしていなければならない（大判大正八年一一月二二日民録二五輯二〇六八頁）。このうち、因果関係の要件が必要か、すなわち、各自の行為と具体的な損害の発生との間に因果関係があることが必要か、それを被害者は立証しなければならないかについては議論がある。判例および従来の通説は、各自の行為によってその損害が発生したことが必要、すなわち因果関係が必要であるとしている（後掲最判昭和四三年四月二三日――山王川事件判決など）。これに対して、学説には、各自の行為との間の因果関係があるなら、共同不法行為によらなくても民法七〇九条の要件を満たすわけだから、各行為者に対して損害賠償請求できることになって、共同不法行為を独自に認めた意義が失われるとして、これに反対するものがある。そして、今日の通説は、各行為者の行為によって結果が直接発生したことが必要ではなく、各行為者の行為が共同行為を構成し、この共同行為から結果（損害）が発生すればよい、すなわち、共同行為と結果発生との間に因果関係があればよいと解している。各人の行為→共同行為→結果発生、というように、「共同行為」という中間項を設けることで、因果関係を緩和するところに、共同不法行為という制度の存在意義があるというわけである。なお、下級審の裁判例においては、後に紹介する四日市ぜんそく事件（一二六参照）のように、因果関係をゆるやかに解し、加害者間に強い関連共同性（より緊密な一体性）があれば、個々の行為者と損害との間の因果関係は不要とする判決が現われている。

要件の第二として、行為の共同があることが必要である。一番重要な要件であり、何をもって「共同」というかをめぐって学説は錯綜している（不法行為法の混迷といったりするが、この共同不法行為における「共同」の概念をめぐって学説はまさに混迷状態にあると評されている）。少し丁寧にみていこう。

まず、故意の共同があるときに、共同不法行為が成立することは、もちろんである。

では、Aの故意とBの過失が競合する場合やAとBのそれぞれの過失が競合する場合はどうであろうか。Aの過失とBの過失が偶然に競合して、Cに損害を与えたような場合に、AとBは「共同」の不法行為をしたとして、損害の全額につき連帯責任を負わせてよいだろうか。読者のみなさんはどう考えるだろうか。少し考えてみてほしい。ポイントはこうだ。共同不法行為で連帯責任としたほうが被害者Cの救済のためにはいい。他方で、民法はあくまで個人主義・自己責任が原則だ。他人がした分まで責任を負わされるはずはないはずだ。他人がしたことにも責任を負わせていいのは、行為者間に、共謀などなんらか共通の意思や共同の認識が必要ではないか。あちらを立てればこちらが立たず、これはなかなかやっかいな問題である。

まず判例は共同不法行為の成立を広く認め、故意と過失の共同の場合にも共同不法行為が成立するという。すなわち、七一九条は客観的に共同の不法行為によって損害を生じさせたことを要するが、共謀その他主観的共同の原因によることを要しないから、故意行為と過失行為による場合にも、共同不法行為は成立するとする（大判大正二年四月二六日民録一九輯二八一頁・基本判例289）。過失の共同の場合も同様であるとする（二人の船長の共同過失に関する大判大正三年一〇月二九日民録二〇輯八二四頁・基本判例290）。最高裁も、七一九条一項前段の共同不法行為が成立するためには、不法行為者間に意思の共通もしくは共同の認識のあることは必要でなく、単に客観的に権利侵害が共同でされれば足りるとしている（最判昭和三二年三月二〇日民集一一巻三号五四三頁）。

そして、今日のリーディングケースに目される有名な判例に山王川事件というのがあるから、これについては詳しく述べておこう。茨城県に霞ヶ浦に流れこむ山王川という小さな川があるが、昔、石岡市の川岸に、国のアルコール製造工場があって、山王川にその廃液を排出していた。昭和三三年の干ばつ（これは天保以来の大干ばつといわれた）で、降雨量が少なかったために、川の流水量が減って、その結果、この廃液による窒素濃度があがって、周辺の稲作の収穫が大幅に減少してしまった。そこで、周辺で水田耕作をしていた農民らがこの工場を設置経営した国を訴えたというものである。これに対して、国は、山王川には、国の工場以外の工場からも廃液は排出されているし、都市下水なども流入しているから、国だけが責任を負うのは不当だと主張したのである。最高裁は、共同行為者各自の行為が客観的に関連し共同して流水を汚染し違法に損害を加えた場合に、各自の行為がそれぞれ独立に不法行為の要件を備えるときは、各自その賠償の責任を負うとした（最判昭和四三年四月二三日民集二二巻四号九六四頁。この判決は、すでに述べたように、各人の行為との因果関係も必要という立場を明示的にとっていることも再度注意しておこう）。すなわち、判例は、行為者間に、共謀など主観的な共同関係がなくても、客観的な関連での共同関係があればよいとする考え方（客観的関連共同説とか単に客観説とかいう）を採用しているのである。

これに対して、学説にはさまざまな見解がある。前述したように、加害者に全額の連帯責任を負わせるためには、単に客観的なつながりがあればいいというものではなく、なんらかの「意思」的なつながりが必要であるとする説（主観的関連共同説とか単に主観説とかいう）が古くからある（主観説にも学説によってバリエーションがあるが、ここではおおまかにいっておくにとどめる）。また、近時の学説では、共謀して不法行為をするという意思的共同不法行為とそうでない場合とを区別し、意思の共同がない場合は、各行為者が因果関係の不存在の立証をすれば免責されることがあり、また独立不法行為の競合にすぎないこともあるとする考え方も有力である。これはやや難しいので、みなさんの将来の検討に委ねておき、ここでは、被害者救済を重視する客観説（判例・通説）と理論的に意思的根拠が必要とする主観説の対立を理解しておいてくれることを望みたい。

客観的な共同関係があれば、加害行為が同じ種類ではない別種のもので、また、時間が同時でなくても（異時でも）よいとされている。その例として、交通事故で病院に搬送された被害者が医師の医療ミスで死亡した場合に、交通事故と医療過誤とのいずれもが被害者の死亡という不可分の一個の結果を招来し、この死亡という結果について相当因果関係を有する関係にあるときは、運転行為と医療行為とが共同不法行為になるとした判例がある（最判平成一三年三月一三日民集五五巻二号三二八頁・基本判例292）。判例の客観説を踏襲しつつ、被害者の保護を図るという民法七一九条の趣旨を重視したものであるが、前述した近時の有力説からは、こうした独立の不法行為が偶然に競合した場合（原因競合の不法行為という）は競合的不法行為になるのであって、共同不法行為とすべきではないと批判されている。

九三　加害者不明の共同不法行為

共同不法行為の第二として、加害者不明の共同不法行為がある。民法七一九条一項後段は、共同行為者のうちいずれの者がその損害を加えたかを知ることができないときもまた、七一九条一項前段が定める「狭義の共同不法行為」と同様とする旨を定めている。数人が投げた石の一つが他人に当たって被害を生じさせたが、誰の投げた石によるかが不明の場合がこれにあたる。なぜかは、みなさんも容易に想像がつくだろう。誰かの石があたったのは確実なのに、その誰かが特定できなければ、損害賠償が認められないというのでは被害者に酷だからである。もちろん、直接の加害の前提となる行為につき共同行為があり、そのいずれかの行為によって損害が生したことが必要である。各行為につき、結果との因果関係を除き、故意・過失、権利侵害（違法性）などの一般不法行為の要件を満たしていることを要する。共同行為がある限度で、責任を負わせてよい、負わせようという趣旨だからである。

近時は、この規定を因果関係を推定した規定と解して、行為者の一人は、因果関係の不存在を立証することにより免責されるという学説も有力である。

九四　**教唆者・幇助者**　共同不法行為の第三として、教唆者・幇助者の場合がある。行為者を教唆した者および幇助した者は、共同行為者とみなして、七一九条一項の規定を準用する（七一九条二項）。教唆とは、そそのかして、加害行為を行わせることであり、幇助とは、窃盗で見張りの役をしたり、強盗のための道具を貸し与えたり、加害行為を補助し、助ける行為をすることである。これら教唆者や幇助者も、不法行為においては具体的な加害行為を行った者と同様に、損害賠償責任においては全額の連帯責任を負わなければいけない。一番悪いのは加害行為を行った者で、教唆者や幇助者の責任はそれよりは軽いと思う人もいるかもしれないが、民法はそうは扱っていないのである。

九五　**共同不法行為の効果**　共同不法行為が成立すると、その効果として共同不法行為者の連帯債務が生ずる。そこで、被害者は、共同不法行為者の全員に対しても一人に対しても、同時または順次に、損害の全部の賠償を請求できる（四三二条）。共同不法行為者の各自が、右違法な加害行為と相当因果関係にある全損害について、その賠償に任ずべきことになる（最判昭和四三年四月二三日・基本判例293——山王川事件）。

九六　**七一九条の連帯債務の性質**　連帯債務については、債権総論で詳しく説明したが、この民法七一九条でいう連帯債務がいかなる性質を有するかについては学説が分かれている。特に、債権者が共同不法行為者の一人を免除した場合に、免除の絶対効を定める四三七条が共同不法行為にも適用されるかどうかをめぐって争われる。具体的には、被害者Cが共同不法行為者A・Bのうち一人Aとの間で和解が成立して、なんらかの免除をした場合に（Aが一部の支払を認める代わりに、残額を免除するということはしばしば行われる）、その免除したことが他の共同不法行為者Bに影響を及ぼすかどうかである。

普通の連帯債務の場合はどうだったか覚えているだろうか。債権総論で扱った問題である（8二三三以下参照）。その通り、免除には絶対効が認められていた（四三七条）。絶対効とは他の連帯債務者にも影響を及ぼすということだったが、もう一度四三七条をみてほしい。Aに免除すると、Bの利益にも免除の効果が生じるので、負担部分が平等だとすると、全額の免除だとBにもその効力が及び、Bに対しても二分の一しか請求できないことになる（なお、全額の免除ではなく、一部免除の場合の絶対効をどう扱うかは、議論のあるところだったが、それについては債権総論をみて復習してもらいたい（8二四八以下参照））。債権者（被害者）にとっては、免除しても他の債務者（共同不法行為者）には影響なし、すなわち相対効のほうが有利になることはいうまでもない。なお、債権者にとっては免除した債務者以外の者に対して全額（一部の支払を受けたなら、もちろん残額）を請求できたほうがよい。

学説には、七一九条も連帯債務を定めたもので、絶対効を定める四三七条の適用があると解する説（連帯債務説ないし四三七条適用説）もあるが、判例・通説は、七一九条の連帯債務は、絶対効の規定（四三五条〜四三九条）の適用がない不真正連帯債務であると解している。実質的には被害者保護だが、理論的にいえば、ここでの共同不法行為者間には、通常の連帯債務が前提としているような主観的結合関係がないために、一人について生じた事由（ここでは免除）が他の債務者にも効力を及ぼすことはない（すなわち絶対効ではなく、相対効）と考えるわけである（この絶対効・相対効の意味が分かりにくい人は、もう一度債権総論を読んでみてほしい）。

こうして、判例は繰り返し、七一九条の共同不法行為者が負担する損害賠償債務は、不真正連帯債務であって、通常の連帯債務ではないとしている（免除に関して、最判昭和四八年二月一六日民集二七巻一号九九頁、最判平成六年一一月二四日判時一五一四号八二頁、請求に関して、最判昭和五七年三月四日判時一〇四二号八七頁）。もっとも、そうはいっても、債権者（被害者）が他の債務者（共同不法行為者）に対しても残債務を免除する意思を持っていた場合には、それを認めてよいであろう。判例にも、被害者が共同不法行為者ABのうちの一人のAとした訴訟上の和解においてBの残債務をも免除する意思を有していると認められるときは、債務免除の効力はBに対しても及び、AのBに対する求償金額は、右訴訟上の和解におけるAの支払額を基準とし、双方の過失割合に従う負担部分としたものがある（最判平成一〇年九月一〇日民集五二巻六号一四九四頁・基本判例294）。このように判例は、四三七条不適用説（不真正連帯債務説）の立場をとりながらも免除の意思表示の解釈として免除の絶対効を認めており、今後こうした判例が進展すると思われる。どのような意思でもって免除したのかということが問題となり、その解釈によって絶対効か相対効かが決められることになろう。

九七　共同不法行為と過失相殺との関係　共同不法行為の場合に、過失相殺との関係で、具体的な損害額の計算はどうなるのかが問題となる。過失相殺については、後で詳しく述べるが（一七一以下参照）、被害者にも過失（不注意）がある場合には、公平の観点から加害者が支払う損害賠償額を減額するものであるが（七二二条二項）、共同不法行為者のそれぞれとの関係で、過失相殺の割合が異なる場合がある。たとえば、共同不法行為者ＡＢで被害者Ｃの場合に、事故に対する過失の割合が仮にＡ：Ｂ：Ｃ＝六：三：一だったとしよう。それでＣに七〇〇万円の損害が生じたとすれば、Ａ・Ｂに対する損害賠償請求はそれぞれどのようなことになるだろうか。

　さまざまな考え方があるが、ここには基本となる考え方だけ示しておけば、第一に、絶対的過失割合の方法によるとする考え方がある。ＡとＢは共同不法行為者であるから、ＡＢを一体的にとらえ、加害者ＡＢの絶対的過失割合を加算して、六＋三＝九が加害者側の過失割合となる。Ｃが一、Ａ＋Ｂが九で、一対九となるので、七〇〇万円の一〇分の九である六三〇万円をＡとＢに不真正連帯債務として請求することができるというふうに考えることができるのが一つ（この場合には、ＡとＢとの内部的な負担割合は、六対三になるから、Ａが四二〇万円、Ｂが二一〇万円を負担することになる）。

　他方で、第二に、相対的過失相殺の方法によるとする考え方がある。これは各加害者と被害者との関係ごとにその間の過失割合に応じて相対的に過失相殺をする方法である。Ａ：Ｃ＝六：一、Ｂ：Ｃ＝三：一となるから、Ｃは、Ａに対しては七〇〇万円の七分の六である六〇〇万円を請求することができ、Ｂに対しては七〇〇万円の四分の三である五二五万円を請求することができることになる。

また、第三に、個別的過失相殺の方法によるとする考え方がある。これは各不法行為者につき絶対的過失相殺割合による分割債務を負担させる方法である。A：B：C＝六：三：一なのであるから、Aに対して七〇〇万円の一〇分の六の四二〇万円、Bに対しては七〇〇万円の一〇分の三の二一〇万円を請求することができることになる。

どの立場がいいだろうか。みなさんで考えてみてほしい。ここではこれ以上深く述べないで、みなさんの将来の課題にしておくが、これは、単なる計算方法の問題ではなく、共同不法行為（ないし競合的不法行為）をどのように考えるかという問題でもある。判例が示した結論だけを掲げておけば、前に述べた交通事故と医療過誤の競合の事案では（九二の最後を参照）、最高裁は、相対的過失相殺の方法をとった（前掲最判平成一三年三月一三日）。他方で、複数の加害者の過失および被害者の過失が競合して一つの交通事故において、その交通事故の原因となったすべての過失割合が認定できるときには、絶対的過失割合の方法が相当であるとしたものがある（最判平成一五年七月一一日民集五七巻七号八一五頁）。理論的な統一がとれているかについても疑問が呈されている。

また、AとBの共同不法行為によりCが損害を受けたが、CがBとの関係でのみ過失があるが、Aとの関係では過失がない場合には、Bとの関係でのみ過失相殺により賠償額が減額され、Aとの関係では、減額されない。その結果、一つの交通事故の共同不法行為者であるAとBのうち、Bの賠償すべき額のみが被害者Cと身分上、生活上一体の関係にある「被害者側の過失」として過失相殺され減額された場合に、Aがした損害の一部てん補の額は、Cがてん補を受けるべき損害額から控除すべきであって、控除後の残損害額がBの賠償すべき損害額を下回らない限り、Bが賠償すべき損害額に影響しないとされる（最判平成一一年一月二九日判時一六七五号八五頁）。

九八　求償

共同不法行為者の一人は、加害者に損害を賠償したときは、他の行為者に対してそれぞれの過失割合または寄与度に応じて求償権を行使することができる。不真正連帯債務の場合には、主観的な結合関係がないわけだから、理論上負担部分もないので、負担部分を超えて支払ったということはないはずで、求償権の行使もないことになりそうであるが、それでは公平ではないので、今日では、過失割合とか寄与度・加巧度といったものから、責任割合を構想し、それに応じて他の共同不法行為者に求償できるとされている（最判昭和四一年一一月一八日民集二〇巻九号一八八六頁・基本判例295）。

たとえば、被用者と第三者との共同不法行為による損害を賠償した第三者は、使用者に対して求償をすることができ（最判昭和六三年七月一日民集四二巻六号四五一頁）、また、共同不法行為の加害者の各使用者が使用者責任を負う場合に、一方の加害者の使用者は、加害者の過失割合を超えて損害を賠償したときは、他方の加害者の使用者に対し求償をすることができる（最判平成三年一〇月二五日民集四五巻七号一一七三頁）。

第三　各種の不法行為

一　人格権の侵害

本節では、不法行為の具体的な問題について検討する。最初に、人格権の問題を取り上げる。人格権についてはすでに述べたが（六七参照）、人格権は、財産権、身分権と並んで民法上重要な権利の一つである。それは、人が生命、身体、自由などの人格について有する利益を内容とする権利である。憲法は、基本的人権を尊重するという原則を示し、その一三条は、「すべて国民は、個人として尊重される。生命、自由及び幸福追求に対する国民の権利については、公共の福祉に反しない限り、立法その他の国政の上で、最大の尊重を必要とする。」と定めている。また国際的には、昭和二三年（一九四八年）に、国際連合総会において、「世界人権宣言」が採択された。また、昭和四一年（一九六六年）には、「国際人権規約」が採択され、日本ではこれを昭和五四年に批准し、公布した。このように、国際的にも、人権が尊重されるべきことが承認・決定されている。

九九　人格権の保護

このような人格権の被害のうち、国家権力による人格権の侵害が重要である。戦前においては、不当な警察力の行使、とりわけ、拷問により自白が強要されることが多かったが、現行憲法はこれを禁止している（憲三六条）。このような国家権力による人格権の侵害があったときは、国家賠償法一条一項により、被害者は、国や自治体に対して損害賠償を請求することができる。

一〇〇　民法上の人格権

民法上、人格権は、どのように扱われているであろうか。たとえば、AがBに暴力をふるってけがをさせた場合には、Bは、Aに対して損害賠償を請求することができる。これは身体にかかわる権利の保護という問題である。民法七一〇条と七一一条を読んでみてください。七一〇条は、「他人の身体、自由若しくは名誉を侵害した場合又は他人の財産権を侵害した場合のいずれであるかを問わず、前条〔七〇九条〕の規定により損害賠償の責任を負う者は、財産以外の損害に対しても、その賠償をしなければならない。」と定め、また、七一一条は、「他人の生命を侵害した者は、被害者の父母、配偶者及び子に対しては、その財産権が侵害されなかった場合においても、損害の賠償をしなければならない。」と定めている。つまり、生命、身体、自由、名誉が民法上保護を受け、そしてこのような侵害があるときには、いわゆる慰謝料の請求ができるということである。

たとえば、患者が自分の信仰する宗教上の信念から絶対に輸血を受けることを拒否する〔絶対的無輸血〕という患者の意思も権利ないし法律上保護される利益として尊重されるべきだろうか。医師が患者のそうした意思に反して、患者の命を救うために輸血をしたら、違法とされるだろうか。これが実際に争われた裁判がある。その事件では、一審は、そうした絶対的無輸血の約束をしたとしても、それは公序良俗違反であって、医師がした輸血は正当な行為であって違法性がないとしたのに対して、最高裁は、患者が輸血を受けることは、自己の宗教上の信念に反するとして輸血を拒否をする明確な意思を有していることを医師が知っていた場合には、輸血を伴う手術を受けるかどうかの意思決定を患者に委ねるべきであり、その説明をしないで手術をしたときは、患者の人格権の侵害になるとした（最判平成一二年二月二九日民集五四巻二号五八二頁・基本判例262）。医者の手術自体を違法とせずに、説明しなかったこと（説明義務違反）としたことがミソである。また、損害賠償額も僅かなものであった（慰謝料一〇〇〇万円の請求に対して、認容された慰謝料は五〇万円）。医師の説明義務違反による人格権侵害として、医師・病院の不法行為責任を認めた例である。

慰謝料とは、通常は、精神的損害を意味している。ただ法人の信用や名誉が害された場合について、法人は、慰謝料を請求することができるのであろうか。法人自身が精神的苦痛を感じることはないが、七一〇条の「財産以外の損害」というのは、精神的損害に限られるわけではなく、無形の損害につき、金銭的評価が可能な限り、法人もその賠償を請求することができるとされた（最判昭和三九年一月二八日民集一八巻一号一三六頁・基本判例264）。

また、人格権が侵害された場合には、物権の侵害の場合と同様、人格権の侵害に基づく妨害排除が認められる。人格権に基づいてその妨害をやめてくれと請求できるわけである（道路の通行妨害に関し最判昭和三九年一月一六日民集一八巻一号一頁、最判平成年九月一二日一八民集五一巻一号二四一頁）。生活妨害や公害など、生命や健康にかかわる侵害行為に対する差止請求について、この人格権が根拠となることが今日では認められ、判例上も確立しているといってよい（一三〇参照）。なお、ここでついでにいえば、環境権も根拠として主張されることが多い。そして、環境権は新しい人権などと言われているが、判例で環境権に基づく差止請求を認めた例はまだない。環境権というには、権利の内容がまだ曖昧だからである。

一〇一　**生命・身体・自由の侵害**　生命侵害の場合にも、七一〇条や七一一条が適用される。暴力による傷害は、身体への侵害の一例であり、七一〇条によって、被害者は加害者に対し損害賠償を請求することができる。

自由の侵害に関しては、わが国で古くから行われていた村八分をあげることができる。これは自由の侵害とともに名誉の侵害にもなる（大判昭和三年八月三日刑集七巻五三三頁）。ほかに、七一〇条の自由は、精神活動の自由をも包含すると解すべきだから、欺罔手段により相手の意思決定の自由を害し財物を騙取した場合には、財産上の損害を賠償するほか、精神上の苦痛に対する慰謝料をも支払わなければならない（大判昭和八年六月八日新聞三五七三号七頁）。会社が職制等を通じて行った特定政党の党員またはその同調者である従業員を監視し孤立させるなどの行為が当該従業員の思想、信条の自由およびプライバシーなどの人格的利益を侵害する不法行為に当たるとされた事例がある（最判平成七年九月五日判時一五四六号一一五頁）。

また、前述したように、こうした生命・身体・自由の妨害や侵害に対して、妨害排除請求や差止請求をすることができる。たとえば、ある村の村道の通行を妨害する者がいるときに、村民がその妨害の排除を請求できるかどうかにつき、村民は妨害の排除を請求できるとした判例がある（前掲最判昭和三九年一月一六日）。この判例は、公道である道路についてのいわゆる「通行の自由権」を認めたものであるが、その後、私道についても、同様に「通行の自由権」が認められるかが議論されてきた。

やや話しは脱線ぎみになるが、これを理解するために、ここでついでに私道について触れておこう。国道や県道などのような「公道」ではなくても、建築基準法四二条の道路位置指定を受けることによって、私人の土地が一般人の通行に供される道路（位置指定道路という）とされる。この私道の所有者が通行を妨害するような障害物を作ったりすると、通行権の侵害としてその撤去請求ができるかという形で問題となる。私道について「通行の自由権」が認められるかどうか、一般人の通行の利益が人格権として保護の対象となるかどうかが、どの程度の通行（たとえば自動車での通行）ができるかなどが争われている。いくつか判例があるので、みなさんで検討してみてもらいたい（最判平成九年一二月八日民集五一巻一〇号四二四一頁、最判平成一二年一月二七日判時一七〇三号一三一頁など）。

なお、人の自由が不当に拘束されている場合には、昭和二三年に制定された人身保護法が、迅速な人身の解放を求める手続を定めている。比較的簡単な手続でとりあえず人権の回復を求めることができる。

一〇三　名誉の侵害

さて、次は、名誉毀損である。みなさんも名誉毀損は聞いたことがあるだろう。名誉とは何だろうか。プライバシーとはどう違うのだろうか。プライバシーについては後で述べることにするが（一一〇参照）、名誉とは、人がその品性、徳行、名声、信用等の人格的価値について社会から受ける客観的評価（社会的名誉）を指し、人が自己自身の人格的価値について有する主観的名誉感情は含まないとされる（最判昭和四五年一二月一八日民集二四巻一三号二一五一頁・基本判例263）。すなわち、自分が自分のことをどう思っているかではなく、社会からどう思われているかという社会における客観的評価を低下させることが名誉毀損というわけである。こうした名誉の侵害は名誉毀損といわれ、民法上名誉の保護が図られる。判例では、名誉は各人がその性質・行状・信用等について世間から相当に受ける評価を標準とするものであるから、ある行為が名誉毀損となるかどうかを決めるには、その行為の性質上一般に人の名誉を毀損すべきものであるかどうかを定めるだけではなく、その人の社会における位置・状況等を参酌して審査しなければならないとしたものがある（大判明治三八年一二月八日民録一一輯一六六五頁）。

また、新聞記事の内容が事実に反して名誉を毀損すべき意味のものかどうかは、一般読者の普通の注意と読み方とを基準として判断すべきであるとされる（最判昭和三一年七月二〇日民集一〇巻八号一〇五九頁）。

刑法も名誉毀損を犯罪としている（二三〇条）。

国会議員や選挙の候補者について新聞、週刊誌、テレビなどで過去の経歴が暴露されたり、誤った事実が報じられるような場合につねに名誉毀損が成立するのであろうか。刑法二三〇条の二第一項は、名誉毀損の行為が①公共の利害に関する事実に係り、②その目的がもっぱら公益を図ることにあったと認めるときは、事実の真否を判断し、③真実であることの証明があったときは、これを罰しないと定めている。民事の損害賠償請求事件でも同様に考えられており、公共にかかわる問題について真実の証明がある場合（真実性の証明という）には、名誉毀損による不法行為は成立しないとされ、さらに、たとえ真実ではなく虚偽であったとしても、真実と信ずるに相当な理由があるときには、名誉毀損による不法行為は成立しない（相当性の法理という）とされている。真実性の証明によって名誉毀損の違法性が阻却され、また、相当性の法理によって故意・過失がないという考え方である。真実と信ずるに相当な理由があるか否かについて、おおまかにいえば、公共性の強い選挙のようなときには名誉毀損は成立しにくいが（最判昭和四一年六月二三日民集二〇巻五号一一一八頁・基本判例265）、個人的な問題については、名誉毀損は比較的容易に認められうる。

判例で問題となった具体例をあげれば、次のようなものがある。

公立小学校の教師の氏名・住所・電話番号等を記載し、有害無能であるとの表現を用いた大量のビラを繁華街で配布した行為であっても、通知表の交付という公益に係り、客観的事実の主要な点につき真実の証明があるときは名誉毀損は成立しないとされた（最判平成元年一二月二一日民集四三巻一二号二二五二頁）。これに対し、生まれて三か月の子供が変死した際に、家族の誰かが殺害したのではないかという新聞報道がされた場合に、新聞の担当者が解剖医等からの取材の裏付取材をしないでその内容を真実と信じたことについては相当な理由があったとはいえないとして、名誉毀損が成立するとされた（最判昭和四七年一一月一六日民集二六巻九号一六三三頁）。

また、実名を使用して他人が有罪判決を受けて服役した事実を公表する著作物（最判平成六年二月八日民集四八巻二号一四九頁）、殺人未遂の被疑者につき関係人が「極悪人」と述べたと報ずる新聞記事（最判平成九年九月九日民集五一巻八号三八〇四頁）、被告人の読書経歴等に基づき犯行の動機を推論する内容の新聞記事（最判平成一〇年一月三〇日判時一六三一号六八頁）など、名誉毀損となるとされた例がある。

インターネットが発達した今では、インターネット上の電子掲示板などに書き込んだ内容が名誉毀損として問題になる例が多い（刑事事件で名誉毀損罪の成立が認められた最判平成二二年三月一五日刑集六四巻二号一頁）。

一〇三　**謝罪広告**　名誉毀損の効果については、七二三条が、「裁判所は、被害者の請求により、損害賠償に代えて、又は損害賠償とともに、名誉を回復するのに適当な処分を命ずることができる。」と定めている。つまり慰謝料のほかに原状回復を認めうるとする。

原状回復の方法として、わが国では被害者が加害者に対して新聞への謝罪広告の掲載を求めることが多い。憲法一九条は思想と良心の自由を保障し、「思想及び良心の自由は、これを侵してはならない。」と定めているが、加害者が謝罪していないし、する気もないのに判決で謝罪広告をせよと命じ、さらにそれをしないときに、広告の掲載の強制を求めることが許されるであろうか。この良心の自由に反しないだろうか。最高裁判所は大法廷判決において、「単に事態の真相を告白し陳謝の意を表明するに止まる程度の謝罪広告であれば、これを命じ、かつ、その履行を強制しても違憲とはいえない」と判示している（最大判昭和三一年七月四日民集一〇巻七号七八五頁・基本判例268）。違憲という少数意見は付されており、また学説も分かれているが、みなさんはどう思われるだろうか。きっと人によって意見が分かれることだろう。

なお、謝罪広告の掲載を命ずる判決の強制執行の方法として、代替執行が認められる。すなわち、債権者は、債務者の費用をもって第三者にこれをさせることを裁判所に請求することができる（四一四条二項）。つまり名誉毀損の被害者は費用は債務者である加害者から取り立てるが、広告の方は債務者を通じなくても掲載をさせることができる。

一〇四　**差止請求**　名誉の毀損が生じないようにするための差止請求は許されるであろうか。最高裁判所は、昭和六一年に、北方ジャーナル事件においてこれを肯定した。北海道知事選の候補者の名誉を毀損する記事を北方ジャーナルという雑誌社が雑誌に掲載してそれを販売しようとしたところ、被害を受けるその候補者がその雑誌の販売禁止の仮処分を申請したという事件である。憲法二一条が、表現の自由を基本的人権として尊重しているので、雑誌の販売は許されるのではないかということが問題となったが、最高裁判所は販売禁止の仮処分を認めることができるとし、名誉を尊重するという考え方を示した（最大判昭和六一年六月一一日民集四〇巻四号八七二頁・基本判例266）。人格権としての名誉権に基づく差止請求を認めた判例であり、人格権という権利を最高裁として初めて承認した判決として有名なものである。

一〇五　**報道の自由との関係**　今日では、マスメディアの発達により、マスコミによって人々の名誉が毀損されることが多い。その場合の被害者は、アクセス権や反論権があるかが議論されている。アクセス権（接近権）とは、マスメディアからの侵害に対して、被害者がマスメディアに接近して救済を求める権利のことで、その一内容として、そのマスメディアに反論文の掲載を求める権利を反論権という。具体的にいえば、たとえばA新聞で名誉を毀損されたBは、A新聞に、反論文を無料で掲載させろという請求ができるかどうかである。これは報道の自由と被害者の保護の調整という問題である。

一例として、いわゆるサンケイ新聞社事件がある。かつて自由民主党が「前略日本共産党殿……はっきりさせて下さい。……」と述べて共産党の態度を批判する意見広告をサンケイ新聞に掲載したのに対して、共産党が反論文を無料で掲載させよとサンケイ新聞社に請求した事件である。一審、二審および最高裁判所も言論の自由を重視して、そのような反論権は認めないという態度をとった（最判昭和六二年四月二四日民集四一巻三号四九〇頁）。もし一般的にこのような反論権を認めると、報道の自由が損なわれるおそれがある。反論権を認めるとしても、それはきわめて厳格に扱う必要があると思われるが、私は、七二三条の処分として、反論権を認めることはできるだろうと思っている。

一〇六　その他の人格権　生命、身体、自由、名誉以外に包括的に広く人格権を認めることができないであろうか。財産権が法律上保護に値する利益と広く解されているように（六三参照）、人格権もこれを広く認めることができると考えてよいだろう。いわゆる生活妨害として騒音、振動、日照妨害などが問題となるが、これは公害のところで述べよう（一三三以下参照）。ここでは重要な人格権の侵害の例をいくつかあげることにする。

一〇七　貞操の侵害　貞操も人格権として保護を受ける。人妻と情交関係をもった男は、その夫に対して貞操侵害による賠償責任がある（大刑判明治三六年一〇月一日刑録九輯一四二五頁）。また、妻のある男性にだまされて情交関係をもった女性が、後に裏切られたような場合につき、貞操の侵害を理由に右の男性に対する損害賠償を認めた判例がある（最判昭和四四年九月二六日民集二三巻九号一七二七頁・基本判例256）。

一〇八　**肖像権**　人が容ぼうについて有する利益としての肖像権につき、肖像権と称するかどうかは別として、何人もその容ぼう等を撮影されない自由を有するとした判例がある（最大判昭和四四年一二月二四日刑集二三巻一二号一六二五頁）。ただし、犯罪の捜査のような公共の福祉のために必要なときは別だということをこの判決は断っている。

一〇九　**氏名権**　人が氏名に対して有する権利である氏名権も人格権の一つであり、自分の氏名を他人が勝手に使った場合（氏名の冒用）は、違法となる。かつて俳優（マーク・レスター）の氏名が無断でテレビのコマーシャルに使われた場合に損害賠償請求ができるかどうかが問題となったが、東京地方裁判所はこれを認めた（東京地判昭和五一年六月二九日判時八一七号二三頁）。読者のみなさんのなかも、芸能人やスポーツ選手などの有名人の氏名や肖像が入った商品を買ったことがあるかもしれない。そのように著名人の氏名や肖像には、商品の販売を促進する効力（顧客吸引力という）がある。こうした顧客吸引力を排他的に支配利用できる権利は、単なる個人的な人格上の利益保護というよりも、その経済的な価値に着目され、今日では、これを「パブリシティ権」といっている。このマーク・レスター事件は、パブリシティ権の侵害が問題であった。その後も、いくつかの事件が裁判上争われてきたが（おニャン子クラブ事件、ブブカスペシャル事件、ピンクレディー事件（最判平成二四年二月二日民集六六巻二号八九頁）。また、競走馬に関して、「物のパブリシティ権」が問題となったダービースタリオン事件（最判平成一六年二月一三日民集五八巻二号三一一頁など）、その法的性格や内容については、知的財産権の問題として議論されている。

また、氏名権に関して注目されたものに、崔昌華（チォエ・チャンホワ）事件がある。在日韓国人の漢字の氏名を本人の意思に反してNHKテレビのニュースで日本語読みしたことが違法であるかが問題となった事件である。最高裁は、在日韓国人氏名を日本語読みするのは、当時の慣習（慣用的方法）で是認されていたので、違法でないとした（最判昭和六三年二月一六日民集四二巻二号二七頁・基本判例269）。原告は訴訟には負けたのだが、この事件がきっかけとなって、その後は、韓国・朝鮮人の氏名は日本語読みせず、韓国・朝鮮語（ハングル語）に近い発音のカタカナで表記され、読まれるようなったわけで、結果的に、原告の真の狙い・目的は達成されたわけである。それゆえ、「裁判には負けたが、実質的には勝った」といわれるが、訴訟にはこのようにその後の政策決定に影響を与える機能があることを示すよい例である。

二〇　プライバシー

プライバシーとは、人々の私事が公開されないという利益をいう。それは古くからアメリカ法では尊重されてきた権利である。わが国では昭和三〇年代にこのことが問題となった。三島由紀夫の「宴のあと」という小説におけるモデルと目される人（元外務大臣で東京都知事候補者）の生活が暴露され、その被害者が執筆者と出版社に対し損害賠償と謝罪広告を求めた事件で、一審の東京地方裁判所は、プライバシー権を「私生活をみだりに公開されないという法的保障ないし権利」と定義づけ、損害賠償は認めたが、謝罪広告は認めないとする判決をした（東京地判昭和三九年九月二八日下民集一五巻九号二三二一七頁）。これはわが国でプライバシーを認めた最初の判決だが、控訴中に原告が死亡し、当事者間に和解が成立し、最終な裁判所の判決は出ないままに終わった。

最高裁判所の判決としては、昭和五六年に京都市のある区が、ある人の犯罪歴について回答をしたことが違法かどうかが問題となった事例がある。これは労働事件で、使用者側の弁護士が所属の弁護士会を通して、弁護士法二三条の二の規定に基づいて京都市のある区に、ある人の犯罪歴の照会をしたところ詳細な回答が寄せられ、会社側がこれを公開したために、その人のプライバシーが害されたというものである。京都市に対する損害賠償請求に対し、最高裁判所は、公権力の違法な行使になるとした（最判昭和五六年四月一四日民集三五巻三号六二〇頁）。ただし、最高裁判所の判決自身は、プライバシーという言葉は使っておらず、犯罪歴を回答するには慎重さが要求されると述べているだけであるが、補足意見の中で、プライバシーの侵害があったという意見が述べられていた。その後、判例は、プライバシーという用語を使っている（最判平成一五年九月一二日民集五七巻八号九七三頁、最判平成一六年五月二五日民集五八巻五号一一三五頁など）。

プライバシーは、かつては人々が私事について公開されたくない自由であると定義されていたが、今日では、人が自己の情報を自ら管理する権利を有するという意味での一種の管理権がプライバシーであるとみられている。今日では、コンピュータの発達により、人々のプライバシーが害される可能性が高まっている。とりわけ財産取引に関しても個人信用情報の公開が問題となる。このような個人信用情報は厳格に管理される必要があり、プライバシーの侵害に対して警戒する必要がある。プライバシーが侵害された場合の効果は、名誉の場合とほぼ同様に、損害賠償、原状回復、差止請求が問題となるが、プライバシー侵害の場合には、謝罪広告すると余計に被害が拡大するおそれもあるので、それを認めてよいか（民法七二三条の類推適用）は議論のあるところである。

実際には、名誉毀損とプライバシー侵害があわせて主張されることも少なくない。芥川賞作家の柳美里の小説「石に泳ぐ魚」において、モデルとされた人物が、この小説の公表によって、名誉・プライバシー・名誉感情が侵害されたとして、出版社に対して、不法行為に基づく損害賠償請求と小説の単行本化の差止めを請求した事案において、最高裁は、人格権としての名誉権等に基づいてこれらの請求を認めた（最判平成一四年九月二四日判時一八〇二号六〇頁・基本判例267）。そこでは、差止めを認めるかどうかについて、公開されることによる「モデル側の不利益」と差止めが認められることによって「作家側が受ける不利益」とを比較衡量するという考え方がとられている。そうすると、芸術性がきわめて高い場合には、出版の差止めは認められないことになろうが、芸術表現や創作の価値と被害者の不利益との客観的比較ができるかどうかには疑問もある。自分がモデル小説を書くとしたらどうか、自分が友人が書いた小説のモデルになったらどうかなど、自分のこととしても考えてみてほしい。

二 生活妨害

最後に、騒音とか振動、日照妨害などで生活上の利益が妨害される場合には、人格権の侵害があったとみて、損害賠償や差止請求が問題となる。具体的には、後に公害の箇所で取り上げる（一三〇参照）。

二　医療事故

医師の過失による患者の被害という医療事故については、委任（六四三条以下）ないし準委任（六五六条）契約違反という債務不履行責任（四一五条）のほか、七〇九条の不法行為責任による解決が可能である。その場合、前にも述べたように（五七参照）、医師には、業務の性質に照らし危険防止のための最善の注意義務が必要とされる（最判昭和三六年二月一六日民集一五巻二号二四四頁・基本判例258—梅毒輸血事件、最判昭和四四年二月六日民集二三巻二号一九五頁—水虫事件、最判昭和五一年九月三〇日民集三〇巻八号八一六頁—予防接種事件）。

一三　医療事故

そして、医師の注意義務の基準となるのは、診療当時のいわゆる臨床医学の実践における医療水準であるとされている。この水準に達することが困難な場合の医療施設における医師の責任は否定される（最判昭和五七年三月三〇日判時一〇三九号六六頁—未熟児網膜症高山赤十字病院事件）。それに達しうる場合における医師の責任は認められる（最判昭和六〇年三月二六日民集三九巻二号一二四頁・基本判例259）。医師は医療水準を超えた緻密・真摯・誠実な医療を尽くす義務を負うものではなく（最判平成四年六月八日判時一四五〇号七〇頁）、当該医療機関の性格、所在地域の医療環境の特性等の諸般の事情を考慮すべきであり、いままでにない新規の治療法については、そうした新規の治療法の知見を有することが期待される場合には、特段の事情がない限り、右知見が当該医療機関の医療水準となるとされる（最判平成七年六月九日民集四九巻六号一四九九頁—未熟児網膜症姫路日赤事件）。少し難しかっただろうか。分かりやすくいえば、医師の過失があるかどうかは、診療当時の医療水準で判断され、その医療水準は学問的なレベルでの水準（医学水準という）ではなくて、実地で患者を診察・治療するレベルの、すなわち臨床医学の実践における医療水準であって、それは、全国の病院一律ではなくて、どんな医療機関か（診療所・クリニックか、総合病院、大学病院か等）、どんな地域（都会の病院か、過疎地の診療所か等）などでそれぞれ異なるというわけである。

こうした基準のもとで、医師の過失の有無が判断される。医療事故では医師の過失の有無、すなわち医療水準をめぐって争われることが多く、これに関する判例も多い。一例をあげると、医薬品の添付文書（能書）に記載された使用上の注意事項に従わなかった医師には過失が推定されるとした判例がある（最判平成八年一月二三日民集五〇巻一号一頁）。

不適切な医療行為と損害との間の因果関係の存在は、原告の被害者が証明しなければならないが、それは「高度の蓋然性」があるかどうかで判断される。高度の蓋然性の考え方はすでに説明したがって、（七三参照）、すなわち、訴訟上の因果関係の証明は、一点の疑義も許さない自然科学的な証明とは異なって、経験則に照らした総合検討により、特定の事実が特定の結果発生を招来させたという関係を是認しうる高度の蓋然性を証明することであるとされ、その高度の蓋然性の判定は、通常人が疑いを差し挟まない程度に真実性の確信を持ちうるものであることを必要とし、かつ、それで足りるとされる（前掲最判昭和五〇年一〇月二四日民集二九巻九号一四一七頁・基本判例272——東大ルンバール事件）。

また、当該事件のみでの因果関係を証明することが困難なときには、類似の事件についての統計資料を使って因果関係の存在を推定するという「統計的因果関係」という手法もある（これについても七三参照）。その例として、両足が水虫にかかった学生が国立病院でレントゲン照射の治療を受けたところ、その部分が皮膚ガンになり、両足切断となった事案について、レントゲン照射と皮膚ガンの発生率との統計データをもとにして、統計的な因果関係が認められるとした判例がある（前掲最判昭和四四年二月六日）。

なお、医療事故では、医師の説明義務が問題となることがある。医師が医療行為をするには、医師からの適切な説明を受けた上での患者の同意（インフォームド・コンセント）が必要である。医療行為が違法でなくても、説明が不十分だった場合には、医師ないし病院側は説明義務違反の損害賠償責任を負うことになることがある。その例として、エホバの証人輸血拒否事件がある。患者が、宗教上の信念から、いかなる場合も輸血を受けることは拒否する（絶対的無輸血）との固い意思を有していることを医師が知っていた場合に、医師が、手術をするに際し、できるだけ輸血はしないが、輸血する以外に患者の命を救う手段がない事態に至ったときは、輸血をする（相対的無輸血）との方針であることを患者に説明しないままに手術をし、輸血をしたときは、患者の人格権侵害になるとして、医師・病院の不法行為責任が認められた（最判平成一二年二月二九日民集五四巻二号五八二頁・基本判例262）。この判決は、輸血を伴う医療行為を拒否するという「意思決定をする権利」は、人格権の一内容として尊重されなければならないといっている。インフォームド・コンセントを重視する立場から、患者の自己決定権を重視・尊重したものといえよう。

三　交通事故

一二三　交通事故

Aが所有する自動車をBが運転して、誤ってCに衝突してCが死亡したという場合に、Cの遺族は、Aに対して損害賠償を請求することができるであろうか。民法の従来の伝統的処理によれば、前述した七〇九条の過失責任の原則が適用される。そこで前例では、被害者Cの遺族Dは、過失のある加害者Bに対して損害賠償を請求することが可能となる。ただし、車の所有者Aに対して損害賠償を請求できるかという問題が残る。運転者Bよりも、車の所有者Aの方が財産を有することも少なくないから、Aに対する請求を認めた方が被害者の救済となる。そのために、従来から使用者責任を定める七一五条の規定が適用されてきた。

被用者が使用者に無断で車をもち出したような場合には、「事業の執行について」という要件を満たさないのではないかという疑問があったが、判例はいわゆる外形理論をとって、私用運転・無断運転でも、車の所有者である使用者の責任を認めてきた（**七七**参照）。もともと民法が制定された当時（明治二九年）には、日本には自動車は存在せず、自動車事故のことは立法者の念頭にはなかった。後に、自動車事故について、判例は条文を修正して解決を図ってきたのが実状である。

一例として、通産省事件がある。通産大臣秘書官が辞表提出後まだ辞令の交付を受けていないときに、通産省の車を運転手に運転させて子供と共に競輪見物に行く途中、事故を起こし相手に重傷を負わせた。被害者が国に対して七一五条に基づく損害賠償を請求したところ、原審は、「事業の執行について」は広く被用者の行為の外形をとらえて客観的に観察する必要があるとし、本件につき国の責任を認めた。最高裁判所もこの事件について、原判決は正当であるとして国の責任を認めた（最判昭和三〇年一二月二二日民集九巻一四号二〇四七頁・基本判例279）。この事件は、自動車事故についてやや無理をして七一五条を適用したものといえる（七七参照）。

二四　自動車損害賠償保障法

昭和三〇年代には、自動車の数も増加し、事故が多発するようになった。昭和三一年には、自動車損害賠償保障法（以下、自賠法という）が制定された。この法律は、自動車事故についての責任を定め、あわせて被害救済のための保険制度を導入したものである。

自賠法三条は、「自己のために自動車を運行の用に供する者は、その運行によって他人の生命又は身体を害したときは、これによって生じた損害を賠償する責に任ずる。ただし、自己及び運転者が自動車の運行に関し注意を怠らなかったこと、被害者又は運転者以外の第三者に故意又は過失があったこと並びに自動車に構造上の欠陥又は機能の障害がなかったことを証明したときは、この限りでない。」と定める。つまりこの三条本文は、原則としていわゆる運行供用者の責任を認め、例外としてただし書による免責の余地を残している。その意味では使用者責任と同じく中間責任であるが、この但書は、免責の要件を厳格に扱っており、三つの要件をすべて証明しない限り免責は認められないとしている。実際にもあまりこの免責が認められることはなく、事実上は無過失責任ということになる。

この自賠法三条によって、自動車事故については、運行供用者が責任を負うとしたわけだが、自動車の運行供用者とは誰かが問題となる。

一二五　運行供用者責任

判例は、自己のために運行の用に供するという運行の利益（運行利益）と、運行によって他人の生命、身体を害するという運行の支配（運行支配）との二つの要件を満たした者が運行供用者となるとしている（二元説）。雇主や使用者はこれに該当するが、自動車を他人に貸した貸主や、未成年者に利用させた親権者も広く「運行供用者」に当たるとされる。

農業協同組合の運転手が、私用を禁ずる内規に反して相撲大会に参加するため組合所有の自動車を無断で運転し、帰宅途中で事故を起こした場合にも、農協は自己のために自動車を運行の用に供する者に当たるとされている（最判昭和三九年二月一一日民集一八巻二号三一五頁・基本判例282）。ただし、限界として、いわゆる泥棒運転、つまり、他人の車を盗んだ者が事故を起こした場合には、所有者は運行供用者には該当しないとされている（最判昭和四八年一二月二〇日民集二七巻一一号一六一一頁）。一般的にいって、いわゆる私用運転・無断運転は、車の所有者は運行供用者として責任を負うが、泥棒運転は負わないわけである。

その他、運行供用者責任の否定例として、二時間の約束で自動車を借りた者がこれを返さないままに一か月後に起こした事故につき貸主が運行供用者に当たらないとした事例がある（最判平成九年一一月二七日判時一六二六号六五頁）。

さて、運行供用者の責任の本質は何であろうか。七一五条の使用者責任は、人についての責任である。他人を使う以上責任があるという報償責任を主な根拠としている（七五参照）。これに対し、七一七条の定める土地工作物の所有者の無過失責任は、危険な物の所有者の責任という危険責任である（八五参照）。また、動物の占有者について、七一八条が、中間責任とはいえ、かなり重い責任を定めている（九〇参照）。運行併用者の責任は七一五条よりもむしろ七一七条や七一八条に近い危険に責任を定めたものとみることができよう。ただ民法の適用もなお残るのであり（自賠四条）、前例でいうと、直接運転していた者Bの責任は、七〇九条による解決となる。つまりそこには過失責任の問題が残る。

二六 他人

運行供用者責任は、「他人」の生命、身体を害した場合に認められるので、運転者自身またはこれと同視すべき者が死傷したときは、この責任は生じない（最判昭和三七年一二月一四日民集一六巻一二号二四〇七頁）。ここでいう「他人」とは誰かも問題となることがある。自分がここでいう「他人」か、妻が「他人」かなど、一般の人がちょっと聞けばおかしな問題も生じることになる。

みなさんは、運転代行というのを知っているだろうか。たとえば、自動車を運転して出かけた先で、酒を飲んだりすると、その自動車を運転して帰ることはできなくなってしまうので、そうした運転ができなくなった人の代わりに、その自動車を運転してもらって、自分も同乗して帰るということが行われている。町中の夜の酒場の周辺などでこうした運転代行をしているのを見かけることは多い。その場合、同乗して帰る途中で自分の車が事故を起こしたときは、同乗している自分は、他人だろうか。日頃運転している自分の車の事故で、自分は他人かということである。判例では、「他人」該当例として運転代行者に運転を依頼して同乗中に事故により負傷した自動車の使用権者は、運転代行者に対する関係では、自賠法三条の「他人」に当たるとした事例がある（最判平成九年一〇月三一日民集五一巻九号三九六二頁）。

また、この条文の適用において、妻が他人かが争われたことがあるが、これについては後で説明しよう。

二七　物損

自賠法三条は、後述の保険金給付の前提として、他人の生命または身体を害した場合についての重い責任を定めるが、他人の自動車を破損させたというような物についての損害、つまり物損には適用がないことは忘れがちなので注意しておこう。この場合は、やはり民法によって処理されることになり、七〇九条や七一五条の適用がされる。

なお、国や自治体などの自動車事故の責任については、国家賠償法が適用される（八三、八九参照）。

二八　保険

損害賠償の支払を確保するための保険がある。自賠法は、いわゆる強制保険制度を定めていて、使用する自動車は必ず保険に入らなければいけないことにされている。人にけがをさせた場合とか、第三者に対して損害賠償責任を負った場合に、その損害賠償の支払を保険から出すことにしたのである。賠償責任を負うことで被る損害をてん補するための保険を責任保険というが、この自賠法の保険は、責任保険の一種である。自賠法三条による運行供用者の責任を前提としたうえで、その運行供用者が支払う損害を保険でカバーさせようとする趣旨の制度である。そこで保険金の給付を受けうるものは損害賠償を支払った運行供用者であるはずだが、自賠法一六条は、被害者の救済という見地から、いわゆる被害者請求という制度を認め、被害者は直接保険会社に対して保険金の請求ができるとしている。もっとも、自賠法による強制保険の保険金額には限度がある（現在、最高三〇

○○万円)。被害者の救済のためには自賠法だけでは不十分であるから、任意保険が上積みとして活用されることが多い。任意保険の約款によると、事故が発生した場合に、保険会社が加害者に代わって被害者と示談を結び、示談によって定まった範囲について保険会社が被害者に保険金の支払をするという示談代行が認められている。

しかし、そのような保険を活用できない場合がある。たとえば、ひき逃げ事故のような場合には、被害者は加害者を特定することができない。このような場合について、自賠法は、政府の保障事業を定め(自賠七一条以下)、とりあえず政府が保険金の金額を補償し、保険会社に保険金の支払をさせ、政府は、あとで加害者を見つけて求償する。このように、加害者が特定されない事故についても、最小限度の給付がされうる仕組みになっている。

このように、保険が、責任あるときの保険という機能からやや変化をみせ、一種の災害保険ないし社会保障の役割を担うにいたっている。後述する飛驒川バス転落事故という、道路が決壊して生じた事故においては、運行供用者の責任があったかどうかがきわめて微妙であったが、保険金の給付が行われた。

さて、ここまでの保険の知識を前提として、「妻は他人か」が問題となった事件を説明しよう。夫が運転する車が事故を起こし、助手席に同乗していた妻がけがをした。妻は夫が付している自動車損害賠償責任保険の保険金の給付を請求することができるのかどうかが問題となった。保険金請求権の前提としては、夫が自賠法三条の運行供用者であり、妻は自賠法三条にいう「他人」に当たることが必要となる。判例は、自動車は夫が自己の通勤等に使用するため夫の名で購入し、ガソリン代・修理費等の維持費もすべて夫が負担し、運転ももっぱら夫がして妻は免許を持たず、事故当時妻は夫がする運転の補助行為もしていなかったという事実関係を認定して、こうした事実関係のもとにおいては、夫からみて妻は「他人」であり、したがって妻は、前述した自賠法一六条に基づき、保険会社に対して直接、保険金の支払を請求することができるとした（最判昭和四七年五月三〇日民集二六巻四号八九八頁・基本判例284）。「妻は他人である」というその言葉の面白さから、たいへん注目された判決となった。

一一九　道路の瑕疵による交通事故の責任

自動車事故でもやや特殊なものだが、道路の瑕疵から生じた損害が問題となる。国家賠償法二条一項は、「道路、河川その他の公の営造物の設置又は管理に瑕疵があったために他人に損害を生じたときは、国又は公共団体は、これを賠償する責に任ずる。」と定めている。そこで道路を設置・管理する国や自治体の責任が生じうる（八九参照）。これまでの判例から、若干の例をあげてみよう。

仙台市の道路に、陥没による直径約一メートル・深さ一〇センチメートル余りの穴ぼこがあって、バイクで運転中の人が、その穴ぼこでつまずいて死亡し、その遺族が仙台市に対して損害賠償を請求した場合に、市道の管理に瑕疵があったとして、市の責任が認められた（最判昭和四〇年四月一六日判時四〇五号九頁）。

高知県の国道で落石事故があり、たまたま通行中の自動車の助手席に石が命中してこの席にいた人が死亡し、その遺族が国に対して損害賠償を請求した場合に、最高裁判所は、道路の管理に瑕疵があったとし、国家賠償法二条の責任は無過失責任であり、十分安全策を講じていなかったのは管理に瑕疵があるとして、国の責任を認めた（最判昭和四五年八月二〇日民集二四巻九号一二六八頁）。落石注意という立札を立てるだけでは不十分であり、ネットを張る等の安全策を講ずる必要があるとされた。

名古屋市の団地新聞とバス会社が共催してバス一五台で乗鞍岳の観光旅行に出かけた途中、集中豪雨による鉄砲水（土石流）によってバス二台が飛騨川に転落し一〇四名が死亡した飛騨川バス転落事故では、集中豪雨による鉄砲水の発生という自然的要因があったところ、国道の管理に瑕疵があったかどうかが問題となった。一審は、不可抗力が事故の一因となっているとし、四割を不可抗力とみて残り六割につき国の責任を認めた（名古屋地判昭和四八年三月三〇日判時七〇〇号三頁）。二審は、このような集中豪雨などは不可抗力とはいえず、その危険は通常予測しえたものとして全面的に国の責任を認めた（名古屋高判昭和四九年一一月二〇日高民集二七巻六号三九五頁）。

他方、北海道内の高速道路で自動車の運転者が狐との衝突を避けようとして自損事故を起こした場合に、動物の侵入防止策が講じられていなかったことは瑕疵があったとはいえないとされた（最判平成二二年三月二日判時二〇七六号四四頁）。

三〇　航空機事故

自動車事故以外の交通事故として、航空機による事故が問題となる。乗客と航空会社との間には運送契約があり、事故が発生すると被害者は航空会社の債務不履行責任または不法行為責任を問うことができる。国際条約として「モントリオール条約」がわが国では批准されており（平成一五年一〇月二九日条約六号）、これによると損害賠償額は無制限とされている。モントリオール条約は、国際線において出発地と到達地の両国がいずれも、条約に加盟している場合に適用される（日本・欧米は加盟しているが、発展途上国は加盟していないところが多い）。国内線には適用がないが、日本航空および全日空の約款（国内旅客運送約款）には人身事故については責任限度額の定めはない（無制限である）。

二二　列車事故

列車事故による乗客以外の者の被害については、通常は七〇九条および七一五条が適用されるが、踏切事故のようなときには、七一七条の土地工作物の瑕疵（八六参照）あるいは国家賠償法二条の公の営造物の瑕疵（八九参照）の問題になる。判例によると、見通しの悪い踏切において遮断機が設けられていなかったような場合には、行政的には違法はないとしても、あるべき保安設備を欠いているのが、七一七条の設置の瑕疵に当たるとされる（最判昭和四六年四月二三日民集二五巻三号三五一頁・基本判例287）。列車事故における乗客の被害は、運送契約における安全運行義務の違反の問題として、債務不履行または不法行為責任が問われることになる。

二三　船舶事故

船舶事故についても列車事故の場合と同様に、乗客と乗客以外の第三者の損害についてそれぞれ賠償責任が問題となる。

四　公　害

一三　公害

生命、身体の被害、さらには財産の被害が生ずる原因としての公害は、とりわけ昭和四〇年代に現われた判決で世間の注目するところとなった。大気汚染や水質汚濁が問題となり、企業によるいわゆるたれ流しによる深刻な被害が発生した。戦後の経済の復興、経済の高度成長におけるマイナス面が公害となって現われ、水俣病とか四日市ぜんそくなどの深刻な被害が生じた。環境の保全を目的とする基本法である環境基本法（平成五年九一号）二条三項は、公害の定義として、「環境の保全上の支障のうち、事業活動その他の人の活動に伴って生ずる相当範囲にわたる大気の汚染、水質の汚濁……、土壌の汚染、騒音、振動、地盤の沈下……及び悪臭によって、人の健康又は生活環境……に係る被害が生ずることをいう。」と定める。公害の法律的問題としては、未然防止が重要なことはもちろんだが、民事上では、生じた被害をどのようにして救済するかという損害賠償が重要である。

第二次大戦前にも公害に関する若干の事例があり、前に述べた大阪アルカリ事件（大判大正五年一二月二二日民録二二輯二四七四頁・基本判例257）が有名である。これは、硫煙による農作物の被害が問題となった事件である（五七参照）。また、信玄公旗掛松事件（大判大正八年三月三日民録二五輯三五六頁・基本判例5）は、鉄道の煤煙と震動によって由緒ある松が枯れたという事件である。これらの事件はいずれも財産損害が問題となったものであり、また民法の適用条文は七〇九条であり、故意または過失によって他人の権利を侵害した者の損害賠償責任という過失責任の原則が適用された。そこで被害者は、加害者に故意・過失があったことを立証しなければ責任を追及できないとされた。

第二次世界大戦後は、これらと異なってむしろ深刻な人身損害が問題となった。とりわけいわゆる四大公害訴訟が注目を集めた。その概要をあげておこう。

一二四 **イタイイタイ病事件** 富山県の神通川の下流で発生した鉱害である。水田のカドミウムに汚染された米、野菜、水を飲食した住民らが、骨折を起こしやすくなりイタイイタイと泣き叫んで死んでいく者もいた。上流にある金属鉱業所の排水中のカドミウムが原因だとして被害者が損害賠償を請求した。その根拠として、鉱業権者の無過失責任を定める鉱業法一〇九条が主張された。判決は、疾病と鉱業所の排水との間の因果関係については必ずしも科学的な厳密な証明は必要ではなく、疫学という観点からの因果関係（疫学的因果関係）があればよいとした（富山地判昭和四六年六月三〇日判時六三五号一七頁、名古屋高金沢支判昭和四七年八月九日判時六七四号二五頁、七三参照）。

一二五 **新潟水俣病事件** 新潟県の阿賀野川で肥料生産会社の工場が有機水銀の化合物を排出し、下流で魚介類の摂取により水俣病という中毒性中枢神経系の疾患（メチル水銀中毒症）にかかった被害者が会社に対し七〇九条に基づく損害賠償を請求した事件で、判決は、化学企業は結果回避のための最高の技術を用いなければならないとして、企業の注意義務を非常に厳しく解釈し、さらに、被害者は因果関係のすべての点にわたって証明をする必要はなく、会社によって汚染物質が排出され他の要因が働いていないことを証明して汚染源の追求がいわば企業の門前にまで到達した場合には、むしろ企業側が、自己の工場が汚染源になりえないゆえんを証明しない限り、その存在を事実上推認され、その結果すべての法的因果関係が立証されたものと解すべきであるとした（新潟地判昭和四六年九月二九日下民集二二巻九＝一〇号別冊一頁・基本判例273）。門前到達説という考え方である（七三参照）。

二六　四日市ぜんそく事件　三重県四日市市で石油化学コンビナートからの煤煙による大気汚染により、周辺に居住してぜんそくにかかった被害者が被告企業六社に対して損害賠償を請求した事件で、六社の共同不法行為（九二参照）の成否につき、被害者に煤煙が到達していなかった一社にも責任があるかどうかにつき、判決は、この会社は、煤煙が到達している他の一社と同系列に属し生産面や流通面で強い関連共同性をもっていることから、連帯責任があるとした（津地四日市支判昭和四七年七月二四日判時六七二号三〇頁）。敗訴した企業側は控訴せず、裁判は確定した。

二七　熊本水俣病事件　熊本県水俣市で肥料製造を営む会社工場から水俣湾に排水された廃液に含まれた有機水銀が魚介類の摂取により体内に吸収されて中毒性の中枢神経系疾患（メチル水銀中毒症）にかかった被害者が会社に損害賠償を請求した事件で、判決は、七〇九条を適用し、化学会社には高度の注意義務があり、特定の原因物質についての予見可能性は不要とした（熊本地判昭和四八年三月二〇日判時六九六号一五頁）。

二八　無過失責任立法　前述した鉱業法一〇九条のほか、無過失責任の立法がある。大気汚染防止法二五条一項は、「工場又は事業場における事業活動に伴う健康被害物質……の大気中への排出……により、人の生命又は身体を害したときは、当該排出に係る事業者は、これによって生じた損害を賠償する責めに任ずる。」と定め、水質汚濁防止法一九条も、有毒物質の排出により、人の生命、身体を害したときは、事業者は損害賠償責任があるとし、無過失責任を定めている。

一二九　公害健康被害の補償

公害健康被害の補償等に関する法律は、一定の公害による健康被害の補償について定めている。損害賠償請求権があっても、その支払が確保されなければ被害は救済されないから、その補償をしようというわけである。その補償給付の種類というのは、①療養の給付および療養費、②障害補償費、③遺族補償費、④遺族補償一時金、⑤児童補償手当、⑥療養手当、⑦葬祭料の七つとなっている（公害補償三条一項）。損害賠償と異なり、補償であるから、得べかりし利益や慰謝料は含まれていない。そこに限界はあるとしても、最低限度の補償は認められている。その財源は企業に対する賦課金であり、都道府県知事を窓口として納付され、指定された地域の指定された疾病の被害者に対して補償金が支払われるというしくみになっている。

一三〇　公害の差止請求

公害については損害賠償だけでは不十分であり、現に公害が生じている場合にそれを差し止めるという請求が重要となってくる。主要な事件として、大阪国際空港事件と名古屋新幹線騒音訴訟がある。差止めを認めうるかどうかについては、多くの議論がある。一部には、いわゆ環境権を認める立場、すなわち環境について人々が有する利益を内容とする権利が差止請求の根拠となるという主張がある。しかし、多くの学説・裁判例は、前述した人格権（一〇〇参照）を根拠とすることができるとしている。そして、差止めの基準として、受忍限度という考え方がとられる。共同生活をする以上、多少の騒音その他の被害はやむをえないとし、社会生活のうえからみて受忍できる限度を超える場合にはじめて、人格権の侵害を理由に差止めを求めることができるという考え方である(六四参照)。ただ、差止めは企業の操業停止に至るのであるから、その基準は損害賠償に比べて厳格にならざるをえない。この結果、損害賠償請求は認められるが、差止請求は認められないということがありうる。

大阪国際空港事件では、航空機の発着による騒音被害について、夜九時から朝七時までの航空機の発着の差止めの請求がされた。最高裁判所大法廷は、航空機の発着の禁止を空港管理者である国に求めるのは、不可避的に航空行政権の行使の取消し、変更ないしその発動を求める請求を包含することになり、通常の民事上の請求の限界を超えるとして、訴えを却下した(最大判昭和五六年一二月一六日民集三五巻一〇号一三六九頁・基本判例270)。判決は、他方で、空港の設置の瑕疵について、国家賠償法二条(八九参照)による国の損害賠償責任を認めた。

次に、名古屋新幹線騒音訴訟がある。東海道新幹線の名古屋付近の住民が、騒音被害について、損害賠償と列車の減速を求める訴訟を国鉄に対して起こしたが、損害賠償は認めるが、差止請求については、新幹線の公共性などを考慮して否定するという判決が下されている(名古屋地判昭和五五年九月一一日判時九七六号四〇頁、名古屋高判昭和六〇年四月一二日下民集三四巻一~四号四六一頁)。その後、この事件は上告中、和解によって解決された。

また、道路公害について、国道四三号線事件がある。大阪市と神戸市を結ぶ国道四三号線周辺の住民らが自動車の騒音・排ガス等により健康被害を被っているとして、国や道路公団に対して訴えを起こしたものである。損害賠償請求については受忍限度を超える被害があるとして認められたが、一定基準を超える騒音と二酸化窒素の進入の禁止を求める差止請求については道路の公共性を重視して認められなかった（最判平成七年七月七日民集四九巻七号二五九九頁）。

三 公害の未然防止など

環境基本法の下で、各種の行政的な未然防止のための大気汚染防止法、水質汚濁防止法のほかに、農用地の土壌の汚染防止等に関する法律、騒音規制法、振動規制法、建築物用地下水の採取の規制に関する法律、悪臭防止法、廃棄物の処理及び清掃に関する法律などが制定されている。公害の未然防止については、二つの基準が重要である。一つは環境基準であり、環境基本法一六条に定められている。要するに、あるべき環境についての基準を定め、行政の目標としては、この環境基準に達する施策を講ずるというのである。もう一つが大気汚染防止法や水質汚濁防止法などが定める排出基準である。これは、具体的な汚染物質の規制基準であり、これに違反した者は処罰される。

そのほか、公害についての紛争が生じた場合の処理の手続を定める公害紛争処理法がある。また、ある事業を営む場合に、公害への影響について十分調査するという環境アセスメントの問題もある。環境アセスメントとは、環境影響評価のことで、一般に、大規模開発事業等による環境への影響を事前に調査することによって、予測、評価を行う手続のことで、環境影響評価法が定めている。さらに、日照については、建築基準法の中で日影規制や斜線規制などの基準が定められている。

五　製造物責任

一三一　欠陥商品についての民法による処理

交通事故に関する裁判例が昭和三〇年代以降、その後、公害に関する裁判例が昭和四〇年代に多く現われたのに対し、欠陥車、欠陥薬品、欠陥食品などの欠陥商品に関する裁判例は、昭和五〇年代に登場した。平成六年に無過失責任を定める製造物責任法が制定されたが（法八号）、それ以前における民法の処理はどうであったろうか。これまでの判例をふりかえってみよう。

もともと製造物責任で論じられたのは、Mというメーカーが製造した食品をディーラーであるDが販売してUというユーザーがこれを食べたところ、食品に欠陥があったため、Uが食品中毒にかかったときに、Uは誰にどのような損害の賠償を請求することができるのかという問題であった。MとUとの間には直接の契約関係がないので、UはMに対して、債務不履行責任（四一六条）や売主の瑕疵担保責任（五七〇条）を追及するのは困難であり、不法行為責任（七〇九条）を追及するほかはない。そうすると、UはMの故意・過失を証明しなければならないが、その証明は困難である。その証明を緩和するため、欠陥がある場合には、Mの過失が推認されるという手法が用いられ、以下の事例が解決されてきた。

一三二　森永ヒ素ミルク事件

昭和三〇年当時に発生し、一三一人の死亡者を出した森永ヒ素ミルク事件では、ドライミルクの中に製造工程で牛乳安定剤に用いた第二リン酸ソーダが粗悪品であり、その中にヒ素が含まれていたため、乳幼児が被害を受けた。刑事判決によって、製造課長は業務上過失致死罪に問われたが、民事訴訟は和解によって取下げになり、財団法人ひかり協会が設立され、被害者の救済事業を行っている。

一三四　サリドマイド事件　次に、サリドマイド事件がある。昭和三五年頃から、つわり止めにサリドマイドという薬を妊娠初期に服用した母親から先天性障害児が生まれ、二〇〇人くらいの被害者が生じたというものである。民事訴訟は、和解によって取下げとなり、財団法人いしずえが設立され、被害者の救済事業を行っている。

一三五　スモン病事件　昭和四〇年代に大きな問題となったスモン病事件では、整腸剤キノホルムの多量服用によって一万一〇〇〇人くらいの被害者が生じたが、被害者は、製薬会社と医薬品の製造承認をした国に対して損害賠償を請求したところ、全国で九つの裁判所はこれを認めた（東京地判昭和五三年八月三日判時八九九号四八頁ほか）。その後、国、製薬会社と被害者との間で和解が成立している。

一三六　カネミ油症事件　昭和四三年には、カネミ油症事件が発生した。北九州市のカネミという食品メーカーが製造したライスオイルの中に、製造工程で熱媒体として用いたPCBが混入したため、その油を食事用に用いた西日本一帯の多数の家族が健康損害を被った。被害者は、食品製造者にPCBを製造販売した業者、国などに対して損害賠償を請求した。食品製造業者のカネミに責任があることは当然だが、PCBの販売業者にも、もしPCBの用い方などについて十分な警告をしていなければ責任はありうる。損害賠償請求事件の一つが最高裁判所に上告された後、食品製造業者の責任を認める和解が当事者間で成立した。

一三七　**アメリカ合衆国における解決**　アメリカ合衆国においては、昔からプロダクト・ライアビリティ（product liability）といわれる理論が判例で広く承認され、多数の判決が出ていて不法行為的な解決、契約違反的な解決など、さまざまな法理で消費者を保護してきた。しかし、裁判例がまちまちであり、保険による処理について保険料が高くなり、また、弁護士費用もかなり高くなるということもあって、これについて連邦全体としての処理に迫られた。そこで、一九七九年（昭和五四年）に連邦政府は統一製造物責任モデル法を作成し、これに基づいて各州が立法しうるように措置を講じた。また、一九九八年（平成一〇年）には「不法行為法第三次リステイトメント（製造物責任）」が公表され、これによってアメリカの判例法を知ることができる。

一三八　**ヨーロッパ連合**　ヨーロッパ連合では、一九八五年（昭和六〇年）に製造物責任指令を当時のヨーロッパ共同体の理事会が採択し、加盟国はこれに基づいて国内法を整備している。この指令は、製造者の無過失責任を定めるもので、一定の要件の下で免責は認めるが、かなり厳しい責任となっている。

一三九　**製造物責任法**　日本では、平成六年に製造物責任法が制定された。前述したように無過失責任を導入した。

1　製造物責任　製造業者等は、引き渡した製造物の欠陥により他人の生命、身体または財産を侵害したときは、損害賠償責任を負う（製造物三条本文）。すなわち、被害者は欠陥の存在を証明することが必要だが、製造業者等の過失を証明する必要はない。自賠法と違って、「財産」も入っていることは注意しておこう。ただ、財産といっても、その製造物そのものの損害は含まない。たとえば、洗濯機や湯沸器などその製造物そのものが壊れたとか、機能しなかったとかは、製造物責任の問題とはならない。その製造物の欠陥から生じた損害（火事になって家が燃えたなど）が対象となるのである。

2　製造物等の定義　「製造物」とは、製造または加工された動産をいう（製造物二条一項）。「欠陥」とは、当該製造物の特性、その通常予見される使用形態、その製造業者等が当該製造物を引き渡した時期その他の当該製造物にかかる事情を考慮して、当該製造物が通常有すべき安全性を欠いていることをいう（製造物二条二項）。「製造業者等」は、文字通りの製造業者に限定せず、製造物の使用者からみて製造者とみられる者や、政策上製造者と同じ責任を負わせるのが妥当とみられる輸入業者を含む（製造物二条三項）。工業製品の場合が典型的には念頭におかれるが、農水産物など食べ物にも適用される。ただ、あくまで「製造」された物の欠陥か、または「加工」された物の欠陥であるから、収穫されたままの農水産物による食中毒などには適用されないことになる。下級審裁判例では、料亭で調理されたイシガキダイ料理を食べて食中毒になった事例について、イシガキダイの調理が「加工」にあたるとした例などがある（東京地判平成一四年一二月一三判時一八〇五号一四頁）。加工なのか、未加工なのかの区別は必ずしも容易ではないので、問題となろう。

3　免責事由　製造業者等には、いわゆる開発危険の抗弁が認められる。すなわち、製業者等は、当該製造物をその製造業者等が引き渡した時における科学または技術に関する知見によっては、欠陥を認識できなかったことを証明したときは免責される（製造物四条一項）。また、当該製造物の部品または原材料の欠陥が他の製造業者の設計上の指示に従ったことにより生じ、かつその欠陥が生じたことにつき過失がないことを証明したときは、免責が認められる（製造物四条二項）。

なお、立法で大きな問題となったが、欠陥の存在や欠陥と損害発生との因果関係について、推定規定は設けられていない。欠陥の存在の証明はなかなか困難であるので、消費者保護のためにはこうした推定規定があったほうがいいが、産業界の強い反対で実現しなかった。

4　期間の制限　製造物責任の損害賠償請求権の消滅時効期間は、七二四条と同じく三年であるが、二〇年の除斥期間が短縮され、製造業者等が当該製造物を引き渡した時から一〇年を経過したときに責任は消滅する（製造物五条一項）。製造物の平均的な耐用年数等が考慮されて、一般の不法行為よりは短縮されたのである。ただし、右一〇年の期間は、身体に蓄積した場合に人の健康を害することとなる物質による損害、または一定の潜伏期間経過後に症状が現われる損害については、その損害が生じた時から起算する（製造物五条二項）。

一四〇　製造物責任に関連する立法

以上のほか、製造物責任に関連する個別的な立法としては、消費生活用製品安全法や予防接種法、独立行政法人医薬品医療機器総合機構法、各種の未然防止立法（食品衛生法、薬事法、電気用品取締法など）などがあるが、ここでは省略する（それら概要は、川井健・民法概論4債権各論四九七頁以下参照）。

なお、被害が発生した場合の処理として、実際界では損害保険の一種として、生産物責任保険制度が活用されている。

六　原発事故

平成二三年三月一一日に起きた東日本大震災により、東京電力の福島第一原子力発電所の原子炉から大量の放射線（放射性物質）が漏れ出す事故が発生した。こうした原子力発電所による事故（原子力事故）の損害賠償責任はどうなっているのだろうか。現在進行形の重要問題である。原子力損害については、「原子力損害の賠償に関する法律」（原賠法）という特別法がある。

一四一　原子力損害の賠償責任

まず、原子力損害の定義を定めているが（原賠二条二項）、簡単にいえば、「放射線の作用により発生した損害」ということである。

そして、事業者の損害賠償責任について、原賠法三条一項は、次のように定めている。「原子炉の運転等の際、当該原子炉の運転等により原子力損害を与えたときは、当該原子炉の運転等に係る原子力事業者がその損害を賠償する責めに任ずる。ただし、その損害が異常に巨大な天災地変又は社会的動乱によって生じたものであるときは、この限りでない。」すなわち、事業者は原子力損害について無過失責任を負うので、事業者はたとえ過失がなくても損害賠償責任を負わなくてはいけない。ただし、その損害が「異常に巨大な天災地変又は社会的動乱」によって生じた場合には、免責が認められている。今回の福島原発事故についても、この東日本大震災（千年に一度といわれたマグニチュード九・〇の大地震とそれによる大津波）が「異常に巨大な天災地変」にあたるかどうかが当初から議論となった（なお、裁判で東京電力がこれを主張するかどうかは別だが、これまでのところこの免責を主張しないで賠償の支払が行われている）。

そして、事業者である東京電力が損害を賠償するにおいても、具体的に、放射能汚染によるがんなどの健康被害、営業上の損害、周辺地域からの避難（退避勧告・自主避難）や避難中の盗難、不動産価格の急落、風評被害等々、どの程度の損害賠償を認めるか、その賠償の範囲および額の算定が現実に問題となっている（国の原子力損害賠償紛争審査会が賠償の範囲について策定した指針に基づき、東京電力が賠償を行っているが、すでに平成二五年一二月二七日現在で東京電力から約三兆二八九三億円の賠償額の支払がされたと発表されている。この賠償額に納得できない場合には、この審査会の下部組織である原子力損害賠償紛争解決センターに申し立てると、ここで和解案が示される）。

この福島原発事故を受けて、平成二三年八月に、原子力損害賠償支援機構法が制定され、政府が国債発行や資金交付などすることによって、東京電力の損害賠償支払を保証するシステムが作られた。

また、因果関係も問題となる。特に、今後生じる可能性のあるガン・白血病などの健康被害との因果関係の証明は困難が予想される。この点についての先例としては、平成二年九月三〇日に起きた東海村ＪＯＣ臨界事故の裁判がある。核燃料の加工中に臨界により多数の放射線被曝者が出て、作業員二名が死亡し、一名が重傷を負った事故であったが、体調不良・皮膚炎の悪化やＰＴＳＤなどの健康被害を訴えた周辺住民らの請求は、被曝との因果関係が認められなかった（東京高判平成二一年五月一四日判時二〇六六号五四頁）。

なお、原子力損害の賠償責任は無過失責任であって、かつ、その限度額はない（無限責任）が、責任を負うのは原子力事業者だけに限定されている（原賠四条一項。責任集中の原則）。したがって、たとえば、原子力発電所を建設したメーカーに責任を負わすことはできない。製造物責任法の規定も適用されない（原賠四条三項）。

このように、原子力損害賠償責任は、無過失責任・無限責任・責任集中が特徴である。

一四二　原子力損害賠償責任保険　原子力事業者には、損害賠償措置を講ずることが義務づけられている。具体的には、原子力事業者は原子力損害賠償責任保険（民間の保険契約）および原子力損害賠償補償契約（政府補償契約）を締結することが義務づけられている。

一四三　消滅時効に関する特例法　原子力損害について賠償請求権の消滅時効も、一般の不法行為と同様、民法七二四条の規定が適用され、損害および加害者を知った時から三年で時効にかかるが、今回の福島事故については特例法が制定された。まず、原子力損害賠償紛争解決センターに申し立てられた和解の仲介については、仲介の間に消滅時効にかからないとする特例法が制定され、次に、民法の消滅時効期間の三年を一〇年に延長する特例法が制定された。

七　専門家責任

一四　専門家責任とは

前述した医師の責任のように（一三参照）、一定の資格のもとに自由裁量による高度の判断を必要とする職業に従事する者には、その職業にふさわしい水準の注意義務（善管注意義務）が要求され、また、その者と契約する相手方に対して、必要な説明義務が課される。弁護士、建築家、司法書士、公認会計士、税理士、公証人等についてもそうである。

専門家の責任については、各種の専門家責任賠償保険制度が認められている。

1　弁護士の責任　弁護士は、誠実にその職務を行う義務を負う（弁護士一条二項）。弁護士は、依頼者に対しては委任契約に基づく善管注意義務にとどまらず、誠実義務を負うということであるが、最近は、弁護士に限らず、専門家の「忠実義務」として説明・強調されるようになっている（明文規定のあるものとして、宅地建物取引主任者につき宅地建物取引業法三一条、信託における受託者につき信託法三〇条、金融証券取引業者につき金融商品取引法三六条。なお、取締役につき会社法三五五条）。忠実義務は、依頼者と弁護士との間の信認関係に基づいて、専門家たる弁護士は、自分や第三者の利益のためではなく、もっぱら依頼者の利益のために行動しなければいけないという義務ということができる（一般の善管注意義務とこの忠実義務の関係については議論があるが、ここでは触れないでおく）。

2　建築家の責任　建築家も依頼者に対して債務不履行および不法行為上の責任を負うほか、第三者に対しても誤った情報を提供した場合には、これを信頼した第三者に賠償責任を負うことがありうる。建築士は、法による規制に違反した場合に、それにより損害を被った建築物の購入者に対して、不法行為責任を負う（最判平成一五年一一月一四日民集五七巻一〇号一五六一頁）。建物の設計者・施工者・工事監理者も、契約関係にない居住者等に対しても、建物としての安全性が欠けることがないように配慮する義務を負い、建物の瑕疵による居住者等の生命、身体、財産が侵害された場合には、不法行為による賠償義務を負う（最判平成一九年七月六日民集六一巻五号一七六九頁）。建物はその居住者だけでなく、建物利用者、隣人、通行人の生命・身体・財産を危険にさらすことがないような基本的な安全性を備えていなければならず、こうした建物の安全性に配慮する義務が建物の設計者、施工者、工事監理者に課せられているというわけである。

3　公証人の責任　　公証人は、国家公務員であるから、国賠法一条の適用がある。

第四　損害賠償（不法行為の効果）

一　損害賠償の意義

一四五　損害賠償とは　　これまで述べた各種の不法行為の効果として、損害賠償の問題を取り上げる。たとえば、AがBに対して暴力をふるい、Bが傷害を受けたときには、BはAに対して損害賠償を請求できる。七〇九条は、不法行為の効果として、損害賠償責任を定めている。七二二条一項は、四一七条を不法行為による損害の賠償に準用している。その結果、金銭賠償が原則とされ、例外として前述したように、名誉毀損の場合には原状回復（具体的には、謝罪広告）が認められている（七二三条。一〇三参照）。外国の立法の中には、損害賠償の方法は原状回復であるとするものがある。それは、不法行為がなかったとすればという状態にもっていくという考え方によるものだが、結果的にはやはり金銭で償うということにならざるをえない場合が多い。なお、これまで人格権の保護や公害について差止請求が問題になると述べたが（一〇〇・一三〇参照）、それは不法行為の直接の効果ではなくて、むしろ権利が害されたとき（または害されるおそれがあるとき）の権利の回復手段（ないし侵害の予防）の問題である。

ところで、損害賠償として、治療費などのように、実際に生じた損害が賠償請求できることになるのはもちろんだが、それよりも高額を損害として賠償請求できるだろうか。わが国では、損害賠償における損害は、現に生じた損害（実損）を意味するので、それはできない。アメリカ法のような現実損害の二倍ないし三倍の賠償を認める懲罰的損害賠償は認められない。いわゆる懲罰的損害賠償を命じた外国判決は、わが国の公序に反し執行をすることはできないとされる（最判平成九年七月一一日民集五一巻六号一五七三頁）。日本でもときどきアメリカの高額な損害賠償が紹介されることがあるので、聞いたことがある人も多いだろう。少し前に報道されたところでは、ズボンをクリーニング店に出したところ、クリーニング店がそのズボンを紛失したというので、五四〇〇万ドル（日本円で六七億円）の損害賠償を請求した事件が報じられた（平成一九年六月二七日朝日新聞朝刊など）。その請求をしたのがアメリカの裁判官だというから、重ねて驚いた（同様の事件で六七〇〇万ドル（日本円で八〇億円）の損害賠償請求というのもあった）。結局、その請求は認められなかったようだが、ときどきわが国からみればとんでもない高額の賠償請求が認められることがある（上司のセクハラで日本円で七六億円とか、二一五億円とかが認められた例など）。なんといっても有名なのは、ステラ・リーベック事件だろう。マクドナルドコーヒー事件として知られている。ステラ・リーベックというのは当時七九歳の老女の名前であるが、アメリカ・ニューメキシコ州のマクドナルドのドライブスルーでコーヒーを買って、車のなかで、それを足で挟み、蓋をあけようとしてコーヒーをこぼして、足に大やけどを負ったことから、熱すぎるコーヒー（八五度だったそうだ）を出し、熱さについての注意書もなかったとして、マクドナルドを訴えて、一審の評決でなんと四八万ドル（日本円で二億九〇〇〇万円）の損害賠償が認められた。コーヒーこぼして三億円の損害賠償が認められたということで、わが国でも注目されたし、いまもアメリカの高額の損害賠償請求の事例としては、よく引き合いに出されることがある。不法行為法を勉強するみなさんも、常識として知っておいていい事件である。ただ、アメリカ人（の学者ら）は、あまりこの判例をアメリカの代表例のようにはいってほしくないようだが。

なぜわが国とアメリカがこのように違うのかは知っておいてよいから、少し説明をしておこう。日本ではあくまで不法行為は、被害者の救済の制度と考えられていて、そこでは被害者に生じた損害を埋め合わせること、すなわち、損害の塡補が目的とされている。ところが、アメリカでは、不法行為には、以後加害行為をしないようにさせようという予防的な機能や加害行為をした者に制裁するという機能をもたせようと考えられている。予防や制裁という観点からみれば、加害者にはいわば罰金として高額な賠償を認めてよいという考え方がとられているわけである。懲罰的損害賠償という制度である。日本でも、こうした懲罰的損害賠償を導入しようという考え方もあるが、みなさんはどう考えるだろうか。賛否、意見が分かれるところである。検討してみるといいだろう。

一四六　債務不履行に基づく損害賠償との関係　民法上損害賠償の根拠を大別すると、債務不履行（四一五条）による損害賠償と、不法行為（七〇九条）による損害賠償と二通りある。債務不履行と不法行為との関係について議論があることは、すでに述べたが（五六参照）、不法行為による損害賠償請求権が時効によって消滅した場合に、債務不履行による損害賠償請求権を行使する余地があるのかどうかという問題がある。たとえば、雇主が十分職場環境を整えなかったために被用者が人身損害を受けた場合には、雇主の安全配慮義務違反という問題になり、被害者は、不法行為の請求権を行使することができるが、雇用契約に基づく債務不履行の責任も追及することができる。判例は、不法行為の損害賠償請求権の時効（三年。七二四条）が完成した後であっても、一六七条一項により、一〇年間、債務不履行に基づく損害賠償請求権を行使することを認めている（最判昭和五〇年二月二五日民集二九巻二号一四三頁・基本判例152）。

一四七　損害賠償と補償、保険との関係　最後に、損害賠償に関連して、これまで述べてきた自動車事故の自動車損害賠償責任の保険であるとか（一一八参照）、公害健康被害補償であるとか（一二九参照）、欠陥商品にみられる保険や補償（一四〇参照）などの制度がある。通り魔的犯罪などによる被害者の救済のためには、昭和五五年に制定された犯罪被害者等給付金支給法に基づく給付金制度がある。損害賠償と保険および補償との関係が問題となるが、損害賠償を保険によって確保し、確実に損害賠償が払われるというしくみをできるだけ考えていく必要がある。また損害賠償を請求する場合の手続が煩瑣であり、それを実現するのに年月もかかることから、被害が発生したときにはとりあえず救済として補償を認めることが必要である。また、社会保障の一環としての社会保険による給付をまず行い、その給付の後にその給付をした機関から加害者に対する求償権を行使するという制度を今後充実させ、とりあえず被害者には何らかの給付ができるだけ早く手に入るようなしくみを考えていくという必要があると思われる。

一四八　**損害賠償請求権者**　損害賠償請求権者は被害者であるが、胎児も一人前の被害者として扱われる。すなわち、胎児は、損害賠償の請求権については、すでに生まれたものとみなすとされる（七二一条）。権利能力の始期が出生であること（三条一項）の例外である。たとえば、夫が事故死した場合に、妻のほか胎児も損害賠償請求権を有する。

とはいえ、胎児が胎児中に損害賠償請求権を行使しうるかは問題である。判例はこれを否定する（大判昭和七年一〇月六日民集一一巻二〇二三頁・基本判例8—阪神電車踏切事故事件）。損害賠償請求ができるのは、あくまで生まれてからということである（停止条件説）。しかし、多数学説は、胎児の段階でも母が胎児の代理人として権利を行使しうるとしている（解除条件説。これについては、民法総則で扱った。2四七参照）。

一四九 損害賠償の範囲

債務不履行の損害賠償の範囲について、すでに、債権総論で述べたように、通説・判例が相当因果関係説を採用しているが（7一四一参照）、不法行為の場合も同様に解されている。債務不履行に関する四一六条を不法行為のうえにも類推適用するというのが判例である（最判昭和四八年六月七日民集二七巻六号六八一頁・基本判例298）。

四一六条一項は、損害賠償の請求は、債務の不履行によって通常生ずべき損害（通常損害）の賠償をさせることをもってその目的とすると定め、同条二項は、特別の事情によりて生じた損害（特別損害）であっても、当事者がその事情を予見し、または予見することができたときは、債権者は、賠償を請求することができると定めている。そして、判例・通説は、その解釈として、「債務者」が「債務不履行時」に「特別の事情」を予見したときに、その特別損害の賠償も請求することができると解している（7一三九以下参照）。予見の主体は「当事者」といっても、債権者および債務者ではなく、債務者、予見の時期は契約時ではなく、債務不履行時、予見の客体は、その損害ではなく、その事情というわけである。

不法行為についての損害賠償の範囲を定める明文の規定はないので、この債務不履行についての損害賠償の範囲の規定が、不法行為に類推適用されるかが問題とされる。不法行為の場合に、特別事情を加害者が予見したということを問題にする余地があるのかどうか、偶発的な事故が発生したときに、予見という考え方をもちこんで損害賠償の範囲を求めるのが妥当なのかどうかについて問題があり、四一六条の類推適用を否定するという学説も有力である。たしかに、たとえば、車の運転者は、故意でない限りは（実際多くは過失）、被害者にどんな事情があるか、どんな損害が発生するかなどを予見しながら事故を起こすわけではないから、こうした予見性を問題にするのは疑問だが、いちおうの原則として、通常生ずべき損害は当然に、特別の場合は例外的にという扱いは妥当ではないかと思われる。

一五〇　**損害算定の基準時**　現実の損害といっても、物の値段は価格が変動するように、損害の額も時期により違ってくる。そうすると、損害をいつの時点で算定すべきかが問題となる。これも債務不履行の場合について述べたが（7一三九以下参照）、特に、目的物の価額に変動があるときに中間最高価額、つまり債務不履行の後に、値が上がった時の価額を基準にして賠償請求ができるのかどうかについて問題があり、富喜丸事件（大連判大正一五年五月二二日民集五巻三八六頁・基本判例299。7一四六参照）では、その額の基準となるのは、不法行為時とされた。この事件では、沈没した富喜丸という船の価額が問題となり、その後価額の変動があっても、原則としては衝突事故によって船が沈没した時点を基準とすべきだとされた。ただし、特別事情として価額の上昇とその値上がりした額で転売等をして利益を確実に取得したであろうという事情を不法行為時に予見できた場合には、例外的にその後の価額が考慮されることがありうるとされている。その後の判例も同旨であり、不法行為により物が滅失または損傷した場合の損害額は、特段の事情のない限り、滅失または損傷当時の交換価格を基準として算定すべきであるとしている（最判昭和三二年一月三一日民集一一巻一号一七〇頁）。

一五一　**間接被害者からの損害賠償請求**　不法行為による直接の被害者からの加害者に対する損害賠償の請求は認められるが、間接的に損害を受けるにすぎない者からの損害賠償の請求は認められない。もしこれを肯定すると損害賠償の範囲が拡大しすぎるからである。たとえば、A会社の社長BがCの不法行為によって受傷した場合に、BのCに対する損害賠償請求のほかに、Bの就労不能によって被ったAの営業上の損害につきAはCに対して損害賠償の請求はできないのが原則である。ただし、A会社が実質的にはBの個人企業であるときは、Bによる損害賠償請求もA会社による損害賠償請求も形式を異にするだけであるからAからの請求権を認めてよい。判例は、A会社の代表者BがCの引き起こした交通事故により負傷した場合に、A会社が①法人とは名ばかりの俗にいう個人会社で、②BにはA会社の機関としての代替性がなく、③両者が経済的に一体をなすような関係があるときは、A会社はCに対してBの負傷による逸失利益の賠償を請求できるとしている（最判昭和四三年一一月一五日民集二二巻一二号二六一四頁・基本判例297）。こうした特殊な要件（①～③）がそろっているときのみ、間接被害者からの損害賠償請求が認められるわけである。

二　積極損害

一五二　**積極損害**　被害者は、加害者に対して、不法行為に基づいて生じた損害の賠償を請求できるわけだが、その損害にはどのようなものがあるだろうか。ここでは具体的にどのような損害があるかを確認していこう。

実務では、損害賠償を請求する場合やこれを認める場合には、通例、「損害項目」を立てて、それを積み上げて合算する形（損害項目積上方式）をとるが、この損害項目は、①積極損害、②消極損害、③慰謝料の三つに分けられる。第一には、積極損害である。それは現に支出した費用である。交通事故の例でいうと、被害者が治療費や入院費を払うという、いわばポケットから出ていく金銭であって、積極的に失う費用を賠償の対象とすることができる。

一五三 治療費等

1 治療費　治療費は、典型的な積極損害である。近親者が支払った治療費の賠償請求も認められる。たとえば、幼児である被害者の父母が治療費を出したとき、被害者が本来は自己の損害として請求するのが本来のはずだが、現に支出した近親者からの請求もできると考えられている。

2 付添費　現に支出した付添費のうち相当額の賠償請求が認められる。被害者が入院し、その近親者が付き添い、本来なら払うはずの付添費を近親者の付添いで節約したようなときには、支出するはずであった費用として賠償の対象となる（最判昭和四六年六月二九日民集二五巻四号六五〇頁）。

3 交通費　被害者の入院・通院等にかかる交通費は損害に該当する。

4 見舞費用　被害者の近親者が見舞いにかけつけた場合の費用も、被害者本人が負担すべきものであるときは、積極損害として賠償の対象となる。判例では、ウイーンへの留学に出発した人が、出発の直後その母親が交通事故にあったので、モスクワから看護のために引き返した場合の往復の旅費は損害の対象となるとされた例がある（最判昭和四九年四月二五日民集二八巻三号四四七頁・基本判例

300）。本来ならそのような費用は被害者がその子供に返還すべき金銭であるから、これを被害者の損害に加えることができると考えられているわけである。

5　葬式費用等　事故死した者のための葬式費用は社会通念上不相当なものでない限り賠償すべき損害であるとされる（最判昭和四三年一〇月三日判時五四〇号三八頁）。関連して、相当額の墓碑建設費、仏壇購入費も認められる（最判昭和四四年二月二八日民集二三巻二号五二五頁・基本判例301）。

6　修理費・代物購入費　不法行為による自動車の損害（物損）についていえば、修理費が賠償される損害額となるが、修理不能あるいは修理に過分に費用を要するときは新規購入費と当該事故車の評価額との差額も賠償の対象となる。自動車の損壊がひどく、修理で対処できないような場合は、廃車になるが、そうした全損の場合の損害額は、どうなるだろうか。判例では、交通事故により自動車が損傷した場合の損害額は、当該自動車と同一の車種、年式、型、同程度の使用状態、走行距離等の自動車を中古市場において取得するのに要する価格によって算定すべきであり、課税または企業会計上の減価償却の方法である定率法または定額法による算定は、特別の事情がない限り、許されないとしたものがある（最判昭和四九年四月一五日民集二八巻三号三八五頁）。

7　評価損　自動車事故における物損につき、新車が破損して修理をしたが、市場でこれを売却すると、修理した車だということでその評価が下がり、高くは売れない。そうした評価上の損害を損害賠償の対象とすることができるであろうか。使用価値は下がっていないため、車の所有者が使用する限り、損害はないが、現実の取引価格の低下を損害とみるべきかどうかが問題である。下級審の裁判例では、使用価値を重視して評価損を否定するもの、修理代の一割ないし三割の評価損を認めるものに分かれている。現実の取引価格の低下を無視すべきではなく、車の使用年数その他の事情を考慮して修理代の一割ないし三割の評価損を認めるのが妥当であろう。

8　支出すべかりし費用　現に支出はしなかったが、本来なら支出したであろうという費用も積極損害として賠償対象となる。前述した近親者が付き添った場合の賠償がその例である（前掲最判昭和四六年六月二九日）。

9　立替費の請求　前述した近親者からの治療費の請求のように、本来、本人が支払って請求すべき費用を近親者が立て替えて支払ったようなときには、近親者からの立替費の請求が認められる。

10　その他の損害　債権者から自分の財産に仮差押えがされたときは、裁判所で定められた仮差押解放金を供託することで、仮差押執行の取消しを求めることができるが、違法な仮差押命令の申立てがあった場合に、仮差押解放金に充てた借入金に対する利息および自己資金に対する法定利率による金員は、通常生ずべき損害に当たるとされる（最判平成八年五月二八日民集五〇巻六号一三〇一頁）。

一五四　弁護士費用

不法行為の被害者が、自己の権利擁護のため訴えの提起を余儀なくされ、訴訟追行を弁護士に委任した場合には弁護士費用がかかるが、この弁護士費用は、損害として加害者に請求することができるだろうか。判例は、弁護士費用は、相当と認められる額の範囲内のものに限り不法行為と相当因果関係に立つ損害だとして、これを認めている（最判昭和四四年二月二七日民集二三巻二号四四一頁・基本判例302）。もちろん実際に払った弁護士費用ではなく、判決で認容された損害賠償額の一割程度である。たとえば、五〇〇万円の損害賠償が認められれば、その弁護士費用の相当額は五〇万円ということである。

二　消極損害

一五五　消極損害　積極損害につぐ第二の損害は、消極損害である。得べかりし利益の喪失あるいは失われた利益という意味で逸失利益ともいわれるものである。いわば、ポケットに入るべくして入らなかったという利益を意味する。

一五六　死亡の場合の逸失利益　死亡事故が発生したときに、損害賠償請求権をもつ被害者は誰かという問題がある。たとえば、父親Aが事故で死亡し、その妻BとA・B間の子Cがいる場合に、発生する損害賠償請求権が三〇〇〇万円だとすると、この請求権は誰について生ずるのであろうか、判例は、事故によって死亡した人が生前に請求権を取得し、それが相続されるという見方（相続説という）をとっている。そこでこの例でいうと、A自身が損害賠償請求権をもち、Bと子Cがこれを相続する。九〇〇条一号は、被相続人の配偶者と子が二分の一ずつの相続権をもつと定め、数人が債権をもつ場合には、四二七条が分割債権・債務の原則を定めているので、相続分に応じて分割債権になる。そこで前例でいうと、三〇〇〇万円の損害賠償債権を母親Bと子Cが二分の一ずつ、つまりそれぞれ一五〇〇万円ずつの損害賠償請求権をもつことになる。

この相続説には理論的な問題がある。相続人は死んだ被相続人の権利を相続によって取得するわけだから、相続人（前例のBC）がここで損害賠償請求権を相続するためには、いったんは被相続人（前例のA）が損害賠償請求権を取得することが必要であるはずである。しかし、被相続人は、自分が死んだことによる損害賠償を生きている段階で取得することは理論的に可能なのだろうか。死ぬ前に自分が死んだことによる損害賠償請求権が認められるのだろうかという問題である（「死前に死あり、死後に死あり」といわれる）。判例は、即死の場合にも、観念的には重傷後死亡とみて、損害賠償請求権が被害者自身に生じ、それが即時に相続されるという見方をとっている（大判大正一五年二月一六日民集五巻一五〇頁・基本判例296）。これに対して、近時の有力学説は、こうした損害賠償請求権の相続という考え方を否定し、損害賠償請求権を遺族が固有に取得するという（相続否定説ないし固有被害説という）。前例でいうと、Aの配偶者Bや子のCは、死亡したAに扶養されていたのであり、Aに対する扶養請求権をもっていたところ、事故によってその扶養請求権が侵害されたとみる。扶養請求権という構成をとると、子供がいつまで扶養を受けうるのかという問題が生じて、相続説に比べると請求権の額が異なってくる可能性がある。また、被害者に扶養されていた配偶者が将来再婚した場合には、扶養の必要がなくなるはずだから、再婚可能性を考慮して損害額を算定するという問題がある。

幼児の事故死の場合も右と同様である。父親Aと母親Bとの間に生まれた子Cが事故で死亡したときに、幼児ははたして得べかりし利益をもつのであろうか。判例は、まだ働いていない子供についても、将来の得べかりし利益を算定することができるとし（最判昭和三九年六月二四日民集一八巻五号八七四頁・基本判例303）、女子については将来結婚して家事労働に専念するとしても、女子労働者の平均的賃金程度の得べかりし利益はありうるという（最判昭和四九年七月一九日民集二八巻五号八七二頁）。そのうえで判例は、そのような逸失利益についての損害賠償請求権を死んだ子供自身が取得し、それを親が相続するという見方をとる（子が先に死んで親が相続するので逆相続ということがある）。外国法では、父母は子供から扶養を受けているわけではないから、子供の死亡によって損害はなく、したがって損害賠償を請求することができないとする扱いが多い。わが国でも前述した相続否定説によると、扶養請求権の侵害という見方をとることになり、父母は子から現に扶養を受ける立場にはないので、得べかりし利益はないことになる。しかし、そのような考え方をとるとしても、後に述べる慰謝料によって調整をする余地はある。

一五七　**昇給の見込みの斟酌**　死者の得べかりし利益の喪失による損害額の認定にあたり、将来の昇給の見込みは、相当の確かさをもって推定できる場合には、控えめに見積もって、算出することも許されると解されている（最判昭和四三年八月二七日民集二二巻八号一七〇四頁）。とはいえ、実際には、昇給については不確定要素が強いため、否定する裁判例が多い。

一五八　**逸失利益の計算方法―中間利息の控除**　被害者が将来得たであろう利益（逸失利益）の喪失を現在の損害として認定するための計算のしかたが問題となる。たとえば、四〇歳の人が交通事故で受傷したとき、生存可能年数のうち普通なら六七歳くらいまで働くことができたはずだが、受傷した結果働けなくなり、本来なら働いて得た利益が入らなくなったという損害を賠償として請求することができる。被害者が不法行為によって死亡した場合も同様で、死亡当時の収入を基準にして、働ける年齢(実務上は六七歳)まで得たであろう利益を計算する。ただし、それは将来何年もかかって得る収入であり、これを現在一時金で取得するのであるから、早く得る利益を差し引く必要があり、これを中間利息の控除という。その控除の仕方については、ホフマン式計算法やライプニッツ式計算法があって、これまでこれによって現在の得べかりし利益を計算してきた。おおむねライプニッツ方式を採用してきた東京地裁とホフマン方式を採用してきた大阪地裁の二つがあり、全国的に双方の方式が用いられてきた。そして、いずれで計算するかによって、大きな違いが出ていた(具体例は省略するが、同じ事例でいずれで計算するかによって、東京地裁方式と大阪地裁方式とで二〇〇〇万円以上の違いが出る)。最高裁はいずれの方式も不合理なものではないとしていたが(最判昭和五三年一〇月二〇日民集三二巻七号一五〇〇頁・基本判例306など)、平成一一年一一月二二日に東京地裁、大阪地裁、名古屋地裁の各交通事故専門部が話し合って、三庁の共同提言を発表し、今後は、ライプニッツ方式(東京地裁方式)に統一することにされた。これにより、ライプニッツ方式が全国的に採用される傾向にあるが、なお、その後もホフマン方式を採用する裁判例もある(福岡高判平成一七年八月九日判タ一二〇九号二一一頁、札幌高判平成二〇年四月一八日自保ジャーナル一八一九号六頁など)。

死亡によって支出を免れる利益(生活費など)は、損害から控除する。これは、後述する損益相殺の考え方である(一七八参照)。

生命侵害の場合の逸失利益の算定式を簡単にまとめていえば、「死亡当時の年収(基礎収入)×就労可能年数―生活費―中間利息」となるわけである。

ただ、このような得べかりし利益というのが、はたして現実的に得る利益と調和するのかどうか、それは一種の擬制による計算だから、人によって差異を設けないで定額的な賠償額を定めたらどうかという学説（定額説）もある。しかし、通説・判例は、前述のように被害者の収入を基準にしながら得べかりし利益を計算すべきだとしている。

一五九　**個人事業者の逸失利益**　給与所得者の場合は、その給与所得が逸失利益算定の基礎収入となるが、自営業を営む個人事業者の場合はどうであろうか。企業経営者が生命または身体を侵害されたことによって生ずる現実の収入減が損害として認められる。原則として、事故直前の確定申告での所得額が基礎となるが、実際の収入額がそれよりも多いことを証明できれば、その実収入額を基礎として算定することになる。個人事業者の場合には、家族などが事業を手伝っていることも多いので、その収益の全部が当該被害者の労務で取得しているとはいえない場合もある。そうした場合、判例は、特段の事情がない限り、企業収益中に占める被害者の労務その他企業に対する個人的寄与に基づく収益部分の割合によって算定すべきであるとしている（最判昭和四三年八月二日民集二二巻八号一五二五頁）。

一六〇　**年少者・無職者等の逸失利益**　すでに述べたように、幼児であっても、逸失利益はありうる。すなわち、最高裁は、交通事故で死亡した被害者が八歳男子の事例について、「年少者死亡の場合における右消極的損害の賠償請求については、一般の場合に比し不正確さが伴うにしても、裁判所は、被害者側が提出するあらゆる証拠資料に基づき、経験則とその良識を十分に活用して、できうるかぎり蓋然性のある額を算出するよう努め、ことに右蓋然性に疑がもたれるときは、被害者側にとって控え目な算定方法（たとえば、収入額につき疑があるときはその額を少な目に、支出額につき疑があるときはその額を多めに計算し、また遠い将来の収支の額に懸念があるときは算出の基礎たる期間を短縮する等の方法）を採用すること」で、より客観性のある額を算出することができるとした（最判昭和三九年六月二四日民集一八巻五号八七四頁・基本判例303）。こうして幼児や年少者についても、統計を用いて平均賃金を基礎とした算定が行われている。

それでも、年少の女子の場合には、さらに男女格差の問題がある。男子には男子労働者の平均賃金、女子には女子労働者の平均賃金が基礎となるわけだが、この平均賃金には賃金センサス（賃金構造基本統計調査の報告書）という厚生労働省が発表する統計が用いられるところ、男子と女子とではこの統計上、大きな差がある（高卒で年収二〇〇万円近く、大卒で二〇〇万円以上の差があるので、これに六七歳までの年数を乗じれば、たいへんな金額の差になることが分かるであろう）。

いってみれば、同じく死亡した年少の男女の命の値段が違うような感じになるが、それでよいか。実態がそうなのだから仕方ないと考えてよいだろうか。よくはないだろう。ではどうしたらいいか。さまざまな提案がされていて、男子に近づけるべく、慰謝料額を加算したらいいとか、生活費の控除割合を男子よりも低くすればよいとか、あるいは女子が平均賃金が低いのは結婚して早くに会社をやめて専業主婦になる者が多いからで、そうすると主婦としての家事労働分を加算すればよいとかいろいろな案がある（なお、最高裁は家事労働分の加算は許されないとしている。最判昭和六二年一月一九日民集四一巻一号一頁)。最近では、年少女子には女子労働者ではなく、男女を含めた全労働者の平均賃金とすべきだとする説が一番有力であり、下級審の裁判例ではこうした見解に立つものもみられる。また、さらに、徹底させて、女子にも男子労働者の平均賃金を基準にすべきだとする説もある。これなら確かに差はなくなる。しかし、女子なのに、男子の平均賃金とはおかしな感じがする。男女平等にするにはそうするほかないだろうが、そうしてよいものだろうか。みなさんはどう考えるだろうか、検討してみてほしい。

無職者は、事故当時無職であっても、労働意欲がある限り、労働者の平均賃金程度の逸失利益を認めることができる。

一六一　主婦の逸失利益　家事労働に専念する妻には実際には収入はないのだが、平均的労働不能年齢に達するまで女子労働者の平均賃金に相当する財産上の収益をあげるものとして算定するというのが判例である(最判昭和四九年七月一九日民集二八巻五号八七二頁)。

一六二　年金生活者の逸失利益　年金収入によって生活をしていた者が不法行為によって死亡した場合には、年金収入の喪失分が逸失利益となる。被害者の相続人は生存可能年数分の年金収入を計算して、損害賠償を請求することができる。判例も、普通恩給の受給者が不法行為により死亡した場合には、その相続人は、加害者に対し右恩給の受給権喪失による損害の賠償を請求できるとし(最判昭和五九年一〇月九日判時一一四〇号七八頁)、また、国民年金(老齢年金)の受給者が不法行為により死亡した場合には、その相続人は、加害者に対し右年金の受給権喪失による損害の賠償を請求できるとしている（最判平成五年九月二一日判時一四七六号一二〇頁）。

一六三　一時的に日本に滞在する外国人の逸失利益

日本に滞在する外国人も多く、当然ながらそうした外国人が交通事故などにあうこともある。被害者となった外国人が日本で加害者に損害賠償請求することがおこるわけである。まずはそのときにどこの法律によるか（準拠法という）が問題となる。それは民法ではなくて、国際私法の問題であるが、加害行為の結果が発生した地である日本法が適用されることになる（法の適用に関する通則法一七条）。そして、こうした日本に一時的に滞在している外国人にも日本人と同じ基準で逸失利益を算定すべきであろうか。外国人の逸失利益をどのように算定すべきだろうか。特に、不法に就労している外国人（不法就労外国人、正確には資格外労働者という）の場合が問題となる。被害者となった外国人は、日本で不法就労で得ていた収入を基準として損害賠償請求することができるだろうか。これもなかなか難しい問題である。

学説には、人間の尊厳や法の下の平等からみて、国籍や在留期間に関係なく、日本人と同様に、日本の賃金を基準とした算定をすべきであるとする説（日本説）がある一方、日本における就労はそもそも違法であり、本来は強制的に退去させられる外国人には、日本での就労可能な期間はなく、それを確定することもできないので、日本からの出国先（多くは母国）で就労したならば得られたであろう額が基礎とされるべきであるとする説（出国先説）もある。判例は、九〇日間しか滞在できない観光ビザで日本に入国したパキスタン人が、その認められた在留期間が過ぎても不法に残留して（いわゆるオーバースティ）、わが国で二年以上も働いていて、職場の事故で指を切断する障害を負ったケースで、一時的に日本に滞在し将来出国が予定される外国人の事故による逸失利益を算定するにあたっては、予測されるわが国での就労可能期間内はわが国での収入等を基礎とし、その後は想定される出国先での収入等を基礎とするのが合理的であるとした（最判平成九年一月二八日民集五一巻一号七八頁・基本判例309）。この判例の立場（折衷説）が通説であろうと思われるが、これを支持してよいであろう。なお、この判決は、わが国での就労可能期間は、来日目的、事故の時点における本人の意思、在留資格の有無、在留資格の内容、在留期間、在留期間更新の実績および蓋然性、就労資格の有無、就労の態様等の事実的および規範的な諸要素を考慮して認定するのが妥当だと述べている。

被害者が不法行為によって入院・通院等のため現実に収入が得られなかった場合には、その収入減は休業損害として損害賠償の対象となる。

一七四 傷害の場合の逸失利益

休業損害については、差額説と労働能力喪失説がある。差額説とは、本来あるべき利益状態と現実の利益状態の金銭的な差額が損害という考え方であり、収入減があったときは、それが損害となる。それに対して、たとえ収入減がなくても、人が有する労働し収入を得る能力（労働能力ないし稼働能力）が失われたことが損害であるとみる立場が労働能力喪失説である。少なくとも、被害者が受傷の後遺症により受傷前に比べて収入が減った場合には、収入減分は不法行為に基づく損害であり賠償の対象となる。このような収入減がある場合にのみ損害賠償の請求を認めるという差額説に対しては、受傷による労働能力の喪失がありながら、被害者は努力により、または勤務先の理解により受傷前と同程度の収入を得ている場合があり、もし被害者が転職をするならば、従来通りの収入が得られるとは限られないときは、労働能力の喪失を基準として逸失利益を認めることができるという労働能力喪失説がある。判例は差額説の立場を採用しているとみられる（最判昭和四二年一一月一〇日民集二一巻九号二三五二頁、最判昭和五六年一二月二二日民集三五巻九号一三五〇頁）。

しかしながら、労働能力喪失説も、将来生ずるであろう収入減を基準とするのであるから、差額説と根本的に矛盾、対立するものではないと思われる。差額説によってよい場合もあるし、将来の収入減の見込みが証明されるときには、労働能力喪失説によって逸失利益を認めてよいと思われる。現在の判例の立場も、労働能力喪失説を絶対的に排斥していると考える必要はないだろう。

一六五　傷害による逸失利益算定とその後の死亡

事故で傷害を受けた後に、別の原因で死亡した場合には、傷害による逸失利益の算定はどうなるのだろうか。死亡の事実は影響するかしないか。傷害による逸失利益の算定は、傷害自体について算定すべきで、その後別の原因で被害者が死亡してもそれは既存の逸失利益の算定には影響しない（継続説）というのが判例である。すなわち、交通事故の被害者が後遺障害により労働能力の一部を喪失した場合における逸失利益の算定にあたっては、事故後に水死などの別の原因により死亡したとしても、特段の事情がない限り、死亡の事実は就労可能期間の認定上考慮すべきではないとされる（最判平成八年四月二五日民集五〇巻五号一二二一頁・基本判例307。同旨、最判平成八年五月三一日民集五〇巻六号一三二三頁）。右判決にいう特段の事情とは、事故の時点で、死亡の原因となる具体的事由が存在し、近い将来における死亡が客観的に予測されていたような事情をいうとされる。たとえば、余命三か月の末期ガンの患者など近い将来に死亡することが客観的に予測される者が交通事故で死亡したような場合であろうか。
被害者の現実の具体的損害を重視すると、死亡後には損害はないはずだから、事故後の死亡事実を考慮して、逸失利益は死亡時までに限定するという考え方（切断説）もありうるが、事故による将来の推定生存年齢を前提とする就労可能年数に基づく逸失利益の算定は、通常人を前提とした擬制（フィクション）であって、同じような被害を生じさせた加害者を公平に扱うためにも擬制通りの処理をするのが妥当と考えられ、判例は正当であろう。

もっとも、交通事故の被害者が要介護状態になった後で、胃ガンで死亡した事案について、判例は、介護費用については、逸失利益の賠償とは別個の考慮が必要であるとして、死亡しなければ死亡後に要したであろう介護費用を損害として請求することはできないとした（最判平成一一年一二月二〇日民集五三巻九号二〇三八頁・基本判例308）。介護費用については継続説ではなく、切断説が採用されたということである。実際にかかる費用（積極損害）と得られたはずの利益（消極損害）との違いであろうか。そうすると、将来かかるはずだった治療費や入院費はどうなのだろうか。考えてみてほしい（一七八参照）。

三 慰謝料

一六六 慰謝料 損害の第三として慰謝料がある。他人の身体、自由または名誉を侵害した場合と財産権を侵害した場合とを問わず、七〇九条の規定によって損害賠償の責任を負う者は、財産以外の損害に対しても、その賠償をしなければならない(七一〇条)。また、他人の生命を侵害した者は、被害者の父母、配偶者および子に対しては、その財産権を侵害されなかった場合においても、損害の賠償をしなければならない(七一一条)。これらの財産以外の損害が慰謝料である。それを精神的損害というのは狭きにすぎる。法人の名誉が侵害された場合に、法人の受けた無形の損害についてもその金銭的評価が可能な限り慰謝料請求が認められので(最判昭和三九年一月二八日民集一八巻一号一三六頁・基本判例264)、非財産的損害が慰謝料といったほうがよいだろう。

一六七　慰謝料請求権の相続

父親のAが事故にあって死亡し、その妻Bと両者の子Cがいるとき、判例は二本立ての二つの慰謝料請求権を認めている。まず、七一一条は、父母、配偶者、子という近親者が生命侵害を受けたときに慰謝料を請求できるとするが、もう一つ、七一〇条の規定により、本人自身も、悔しい思いで死亡するわけだから慰謝料の請求ができるとする。といっても、本人は死亡してもう生きていないので、本人分について相続を認め相続人が本人の慰謝料請求をし、また、近親者分について、近親者固有の慰謝料請求を認めるという二本立ての構成になる。本人分の相続については九〇〇条の相続分に応じて相続が行われることはいうまでもない。

慰謝料請求権の相続については、慰謝料が主として精神的損害だとすると、請求権を行使する意思表示をまたないとそれは発生しないのではないかが問題となる。すなわち、慰謝料請求権は本人だけに帰属する権利、すなわち一身専属権ではないか(八九六条但書参照)という見方である。判例は、当初、本人が請求の意思表示をした場合にはじめて慰謝料請求権が発生し、相続されるとした(意思表示説）。「残念、残念」と言いながら死亡した場合、それを慰謝料請求の意思表示だとみて、慰謝料請求権が相続されるとしたのである（大判昭和二年五月三〇日新聞二七〇二号五頁）。これに対して、水におぼれて死亡する人が、死亡する前に「助けてくれ」と言った場合には、救助を求めただけで慰謝料請求の意思表示があったとはいえないとした判決もあった。しかし、死ぬ前に発した言葉が何であるかによって結論が異なるということは大変不当だという学説の批判があり、その結果、最高裁判所は判例を変更して、慰謝料請求権は意思表示をまたないで当然に発生し、それが当然相続される（当然相続説）と述べるに至った（最大判昭和四二年一一月一日民集二一巻九号二二四九頁・基本判例310）。

しかしながら、今日では、むしろ慰謝料請求権の相続を否定する学説（相続否定説）が有力となっている。本人分と近親者分との二本立ての慰謝料を認める必要がないのではないか。むしろ近親者の請求だけを認めておけばいいのではないかというのである。七一一条の規定によると、生命侵害の場合にその父母、配偶者、子は慰謝料の請求ができるとされ、この父母、配偶者、子というのは、相続人の範囲と同じではない。相続人は、配偶者と第一順位の子であって（八八七条・八九〇条）、父母は通常は相続人ではない。子がいないときには、配偶者と第二順位の父母が相続人となる（八八九条・八九〇条）。さらに相続人の中には兄弟姉妹が第三順位としているが（八八九条）、七一一条では兄弟姉妹が除かれている。このように相続人の範囲と近親者の範囲が異なっているので、必ずしも相続人の請求権を認めなくてもよいだろうし、兄弟姉妹についてはそれほどまで慰謝料請求権者として権利を認める必要はなく、七一一条だけで処理できるのではないかという学説が有力である。ただ七一一条を事情に応じて修正して、場合によってはこれに準ずるものについて権利を認める必要もあり、判例もこれを修正してやや範囲を拡張している（後に述べるように、一定の事情の下に、被害者の夫の妹を含むとした最判昭和四九年一二月一七日民集二八巻一〇号二〇四〇頁・基本判例312）。そうだとすると、七一一条の運用という一本立てで処理してよいだろうし、二本立てにした場合と七一一条だけで処理をした場合とで、金額の総額には大差は生じないように、慰謝料の額を操作すれば同じような結果になると思われる。

一六八　**精神的苦痛の有無**　慰謝料は、前述したように、必ずしも精神的損害ではなくより広く無形の損害を意味するのであるから、幼児が父の死亡によって精神的苦痛を感じなくても慰謝料請求権を有する。古い判例は、幼児でも父の死亡によって将来感ずべき精神上の苦痛についての慰謝料請求権を有するという（大判昭和一一年五月一三日民集一五巻八六一頁）。

一六九　**七一一条による慰謝料請求権者**　前述したように、七一一条は、生命を侵害され、死亡した被害者の父母、配偶者および子という近親者に死亡による慰謝料を認める。この規定には、解釈上二つの問題がある。一つは、請求権者の範囲である。条文の文言では、被害者の「父母、配偶者、子」に限定されている。これ以外の者は、慰謝料請求できないかが問題となる。配偶者は、婚姻関係にある者を指すわけだが、今日、内縁関係にある者に七一一条を類推適用することには異論がない。内縁の妻は、その夫たる男性の死亡した場合に、加害者に対して慰謝料請求することができるわけである。

古い判例には、被害者と内縁関係にある者との間に生まれた子であっても、認知されていない子は、ここでいう「子」に該当しないとしたものがあるが（大判昭和七年一〇月六日民集一一巻二〇二三頁・基本判例8）、今日では、未認知の事実上の親子でも、親子としての実質的生活関係があれば、七一一条を類推適用としてよいと考えられている。

さらに、判例は、「父母、配偶者及び子」以外の者であっても、これに近い関係にある者について、特別事情があるときは慰謝料請求権を認める。すなわち、不法行為により死亡した被害者女性の夫の妹であっても、正常な歩行ができない重い身体障害者であるため、長年にわたり被害者と同居してその庇護のもとに生活を維持し、将来もその継続を期待しており、被害者の死亡により甚大な精神的苦痛を受けたような事実関係があるときは、七一一条の類推適用により加害者に対し慰謝料を請求できるとされる（前掲最判昭和四九年一二月一七日）。

七一一条のもう一つの問題は、生命侵害に限定されるかである。特に、重傷の場合はどうか。死亡ではなくて、死亡に近いほどの重傷があり、被害者の母が生命を害された場合にも比肩すべき精神上の苦痛を受けたときには、七〇九条と七一〇条に基づいて自己の権利として例外的に近親者は慰謝料を請求できるとしている（最判昭和三三年八月五日民集一二巻一二号一九〇一頁・基本判例311）。七一一条の類推適用ではなく、七〇九条と七一〇条の適用としたところが注目される。どのような違いがあるかは考えてみてほしい。

一七〇　慰謝料と逸失利益との関係　前述した得べかりし利益と慰謝料とは、相互に補完するという関係にある。ある事故の損害の総額は変わりがないはずで、その中で慰謝料分と逸失利益分とをそれほど厳密に仕分けをする必要はない。そこで当事者が逸失利益分として半額くらい請求し、残りが慰謝料だといっているときに、その割合を変えた判決を下すことはいっこうにかまわないと解釈されている（最判昭和四八年四月五日民集二七巻三号四一九頁）。

四　過失相殺

一七一　過失相殺とは　被害者に過失があったときに、それを考慮せずに被害者は全額の損害賠償の請求をすることができるだろうか。たとえば、赤信号を無視して歩行者が飛び出したために自動車にはねられたという交通事故が発生した場合に、歩行者の過失を棚上げして全額の損害賠償を認めるのは不公平である。そこで七二二条二項は、被害者に過失があったときは、裁判所は、これを考慮して損害賠償の額を定めることができると定め、被害者は必ずしも全額の請求はできないとしている。

一七二　過失相殺の要件　被害者に過失があったというのは、その行為自体についての過失のほか、その後の損害の拡大について被害者に過失があったときも同様だとされている。たとえば、不法行為による受傷者が手当をその後十分しなかったというようなことも考慮の対象となる。被害者の従業員の過失が加わって損害が発生・拡大した場合にも、被害者たる使用者の賠償額を算定するにあたり、その過失が考慮される（大判大正九年六月一五日民録二六輯八八四頁）。

一七三　過失相殺能力

不法行為が成立するためには、加害者に責任能力が必要であった（七一二条・七一三条）。責任能力については、すでに説明したが（五九参照）、自己の行為の責任を判断する能力のことである。これは加害者についての能力の問題であるのに対し、過失相殺における被害者の能力についてはどうであろうか。過失相殺のためには、どのような能力が必要だろうか。七〇九条で加害者が損害賠償責任を負うためには、加害者の「過失」が必要であり、その注意義務を果たすための判断能力として、責任能力が必要とされる。七二二条二項にも七〇九条と同様に「過失」という言葉が使われているわけであるが、過失相殺するためにも同様に、責任能力が必要というべきであろうか。ここでの判断能力の程度・要否をめぐって学説が分かれている。

かつては、七〇九条の「過失」と七二二条二項の「過失」は同じ民法典の語句であるので同義とみて、被害者に注意義務違反による非難可能性の前提として、責任能力が必要であると解するのが通説であった（責任能力必要説）。しかし、その後、事理弁識能力必要説が登場した。すなわち、七二二条二項にいう被害者に過失があったという場合の能力の基準は事理弁識能力であり、被害を避ける判断能力があればよいという。責任能力の場合は、小学校卒業程度（一二歳程度）が基準となるが、それに比べて年齢がかなり低くなってさしつかえないと解するものである。今日では、事理弁識能力説が通説となっている。さらには、判断能力不要説もある。後述する幼児が被害を受けた場合などを念頭に、過失相殺は、被害者の非難の問題ではなく、加害者の違法性ないし非難性の度合いの問題だという観点から、被害者の判断能力すら必要としないとする学説である。
判例は、かつては責任能力必要説であったが（大判大正四年六月一五日民録二一輯九三九頁、最判昭和三一年七月二〇日民集一〇巻八号一〇七九頁）、後に事理弁識能力必要説に転じ、小学校の二年生（八歳）くらいの児童でも、学校や家庭で交通教育などを受けているので、被害を避ける判断能力はあり過失相殺ができるとされるに至った（最大判昭和三九年六月二四日民集一八巻五号八五四頁・基本判例313）。下級審を含めて裁判例をみると、だいたい五歳前後が事理弁識能力があるかどうかの分かれ目といえそうである。

その上で、後述するように、幼児が被害を受けた場合に、判例は、「被害者側の過失」という理論をもって、被害者である幼児の過失は問えない場合でも、その監督義務者である親に過失があれば過失相殺ができるとしている。監督義務者である親を「被害者側」の立場にある者とみる考え方である。加害者を公平に扱うには妥当な結論であるが、必ずしも明確とはいえない「被害者側の過失」理論によるよりも、過失相殺の本質は、加害者の違法性ないし非難性の度合いにあるとみて、被害者の判断力には関係ないものとする判断能力不要説によってよいと思われる。下級審では判断能力不要説に立つ裁判例が増えている。

一七四　被害者側の過失

1　事理弁識能力を欠く者（幼児等）の場合　判例・通説である事理弁識能力必要説によれば、事理弁識能力を欠く者が被害者となった場合には、過失相殺ができないはずである。たとえば、事故にあった三歳くらいの幼児には事理弁識能力すらないので過失相殺はできないはずだが、判例は、「被害者側の過失」という考え方をとっていて、被害者自身でなくてその近親者である父母に過失があれば、これを過失相殺の対象とすることができるとしている（最判昭和三四年一一月二六日民集一三巻一二号一五七三頁）。被害者「側」というのは、被害者と身分上、生活関係上一体をなす者をいい、したがって幼稚園の子供が事故にあった場合に、その保母に過失があったときは、保母は身分上、生活関係上一体の関係にある者とはいえないので、過失相殺はできないという扱いをしている（最判昭和四二年六月二七日民集二一巻六号一五〇七頁・基本判例314）。ここにいう被害者側の過失は、被害者の過失の拡大のために機能しており、事理弁識能力必要説を前提とする限り、加害者を公平に扱うには妥当な理論である。ただし、その法理の具体的適用は問題である。加害者の立場からすると、同じ事故の態様でありながら、監督者が父母か、保母かによって過失相殺に差異が生ずるのは公平とはいえない。「被害者側の過失」理論をとる限り被害者側の範囲は広く解するのが妥当であろう。

2　共同不法行為の場合　　判例は、「被害者側の過失」の理論を、事理弁識能力を欠く者（幼児等）の場合にとどまらず、共同不法行為における被害者と身分上、生活関係上一体の関係にある加害者に過失がある場合にも適用している。たとえば、夫が妻を同乗させて運転中の交通事故により妻が受傷した場合に、夫婦の婚姻関係が既に破綻にひんしているなど特段の事情がない限り、夫の過失を被害者側の過失として考慮することができるとしている（最判昭和五一年三月二五日民集三〇巻二号一六〇頁）。ここにいう「被害者側の過失」は、共同不法行為における求償関係の簡易な決済のために用いられており、前述した事理弁識能力を欠く幼児等の場合における被害者側の過失が被害者の過失の拡大のために機能しているのと異なる。すなわち、共同不法行為における加害者は、本来被害者に対しては全額の連帯債務を負うべきところ、被害者の夫のように被害者と密接な関係にある者は、事実上損害賠償を請求されないか、免除されるため、他の加害者のみが損害賠償を支払わされることになる。そうすると、損害賠償を自分だけ支払わされた加害者は、他の加害者（つまり被害者の夫）に求償することになるはずだが、その求償関係を簡易に解決するため、一方の加害者の損害賠償責任を緩和するものとして「被害者側」の理論が機能している。これに賛成してよいが、「被害者と身分上、生活関係上一体の関係にある者」に該当するかどうかは、被害者から損害賠償を請求される関係にあるかどうかが基準とされるべきである。この観点からすると、A男の運転する車とBの運転する車が衝突して、A男の車に同乗していたC女が死亡し、Cの父母がBに対して損害賠償を請求した場合に、AとCが事故の約三年前から恋愛関係にあったが、婚姻も同居もしていなかったときは、AはCと身分上、生活関係上一体の関係にある者に該当せず、被害者側に当たらず過失相殺は認められないとした判例（最判平成九年九月九日判時一六一八号六三頁）は妥当と思われる。これに対し、単なる恋愛ではなくて、内縁関係の場合は、内縁の夫の過失を妻の被害者側の過失として考慮される（最判平成一九年四月二四日判時一九七〇号五四頁）。内縁関係は婚姻に準ずるもの（準婚関係）として夫婦と同一に扱われてよいが、恋愛関係はたとえ結婚の約束をしている関係でも、これと同様に考えることはできないということである。

一七五　過失相殺の効果

1　損害賠償責任・額の考慮　　過失相殺の規定は、債務不履行のところにもあったことを覚えているだろうか。すでにそこでも説明したことだが（7一四八参照）、債務不履行と不法行為では規定上違いがある。ここでも簡単にいえば、債務不履行における損害賠償の過失相殺（四一八条二項）と比べると、不法行為のときは、「責任」の有無は対象とならず（大判昭和一二年五月一四日民集一六巻六一八頁）、考慮しない余地が認められ（大判大正九年一一月二六日民録二六輯一九一一頁）、不法行為責任の方が重いとされているが、両者の差異をそれほど強調する必要はない（7一五〇参照）。不法行為における過失相殺も、四一八条に準じて処理すべきだとする学説もあるが、七二二条二項のほうが柔軟であるところから、債務不履行の場合にもこれに準じて処理をするほうがよいと思われる。

2　一部請求の場合の過失相殺　　訴訟上、損害賠償全額の請求ではなく、一部請求をすることがあるが、この場合には、過失相殺の扱いはどうなるだろうか。たとえば、一〇〇〇万円の損害のうちその一部五〇〇万円を請求した場合に、過失相殺で損害の五割が認められるとしよう。この一部請求において認められる額は、五〇〇万円の五割なのか（按分説という）、それとも一〇〇〇万円の五割だから一部請求の全額五〇〇万円なのか（請求額の外側で過失相殺がされるということから、外側説という）。判例は、外側説を採用している。それが一部請求をする当事者の通常の意思にも沿うからであるという。

3　過失相殺による減額の対象　　過失相殺による減額の対象は、不法行為による損害であるが、不法行為の被害者の請求する慰謝料および損害賠償を請求するための弁護士費用は、過失相殺の対象から除外される（最判昭和五二年一〇月一〇日判時八七一号二九頁）。

また、労働者が労災によって被害を受けた場合には、労働者災害補償保険法によって労災保険の給付を受けることができることがあるが、第三者の不法行為により被害を受け、労災保険の給付も受けることができるような場合（第三者行為災害という）に、損害賠償と労災保険給付の双方を受け取ることは二重取りになって妥当ではないから、損害賠償から労災給付金を控除することになるが、労働者に過失があってそれを過失相殺として考慮するときは、どの時点でその控除をすべきだろうか。判例は、損害の額から過失割合による減額をし、その残額から労働者災害補償保険法に基づく保険給付の価額を控除すべきであるとする（最判平成元年四月一一日民集四三巻四号二〇九頁）。まず過失相殺が先で、保険給付の控除は後という考え方である。

一七六　信頼の原則

過失相殺に関連して信頼の原則がある。とりわけ交通事故において、加害者は被害者も交通規則などを遵守するであろうという期待をもって運転しているので、その信頼を保護する必要がある。ところが被害者が交通規則を無視するようなときには、右の信頼を保護してその事故の責任を否定するという考え方があり、特に刑法の場合に、この原則が適用される。しかし、民法の領域では、過失相殺についての七二二条二項の規定があるので、あまり信頼の原則を強く認めない方が妥当であろう。

一七　過失相殺の類推適用

被害者に過失があれば、それが考慮されて、過失相殺で賠償額が減額されるわけだが、被害者に疾患（病気）があったために、損害が発生したり、拡大したという場合はどうだろうか。こうした損害を発生・拡大させるような被害者の体質や病気などを「素因」というが、この素因があることによって、損害賠償額が減額されるだろうか。これが素因減責論といわれる問題である。加害者は被害者のあるがままを受け入れるべきであるという考え方から、素因を考慮すべきでないという説（素因考慮否定説）も有力であり、むしろそうした考え方が通説化しているといってよいが、判例は、素因に応じて、七二二条二項の過失相殺の規定を類推適用して、減額・減責を認める考え方を採用している。

すなわち、身体に対する加害行為によって生じた鞭打ち症について被害者の心因的要因が寄与して損害が拡大しているとき（最判昭和六三年四月二一日民集四二巻四号二四三頁・基本判例315）、および加害行為前から存在した被害者の疾患も原因となって損害が発生したときには（最判平成四年六月二五日民集四六巻四号四〇〇頁・基本判例316）、公平上被害者の事情を考慮して賠償額の減額が認められるとする。

しかし、これらの場合と異なり、不法行為により傷害を被った被害者が平均的な体格ないし通常の体質と異なる身体的特徴（首が長い）を有し、これが加害行為と競合して傷害を発生させ、または損害の拡大に寄与したとしても、右身体的特徴が疾患に当たらないときは、特段の事情がない限り、これを損害賠償の額を定めるにあたり考慮すべきではないとする（最判平成八年一〇月二九日民集五〇巻九号二四七四頁・基本判例317—首の長い女性事件)。

なお、心因的要因は考慮するといっても、性格などは人それぞれ個性があるから、気が弱いとかプレッシャーに弱いとかそういう個性は考慮されないと考えられている。判例では、労働者が過酷な業務を継続的に課され続けたために、うつ病にかかって自殺した事例(過労自殺)について、労働者の性格は個性の多様さとして通常想定される範囲を外れるものでない場合には、それを心因的要因として考慮できないとしたものがある(最判平成一二年三月二四日民集五四巻三号一一五五頁・基本判例318—電通過労自殺事件)。

簡単にまとめていえば、判例は、「心因的要因」と「疾患(病気)」は考慮して減額するが、「身体的特徴」は考慮せず、減額はしないということである。そうすると、たとえば、加齢、すなわち、歳をとって骨が弱くなったために、被害が発生・拡大したような場合はどうだろうか。みなさんで考えてみてほしい。

一七八 損益相殺

不法行為の被害者が損害を受ける反面、利益を得るならばそれを控除すべきである。これを損益相殺という。

1 死亡事故における生活費 死亡による逸失利益は、被害者が生きていれば得たであろう収入を計算するのであるから、生きていれば支出するはずの生活費は控除される。それでは、交通事故による傷害における後遺障害のため労働能力の一部を喪失した場合における財産上の損害額を算定するにあたり、その後被害者が事故とは無関係な原因で死亡した場合に、死亡によりかからなくなった生活費は控除すべきであろうか（逸失利益の算定の問題として一六五でも扱った）。逸失利益の算定はあくまで死亡時までに限定され、その後の生活費は控除されるべきだろうか（死亡で切断されることから切断説という）、それとも、控除は否定されるべきだろうか（切断説に対して、継続説という）。傷害における後遺障害による将来得べかりし利益の喪失は、事故がなかったならばという仮定のもとの擬制によるものであり、その後の現実の事情と直接かかわるものではない。擬制通りの処理をし、生活費の控除は否定すべきであろう（継続説）。判例も、右の場合には、交通事故と被害者の死亡との間に相当因果関係があって死亡による損害の賠償をも請求できる場合に限り、死亡後の生活費を控除することができるとし、交通事故と死亡との間に相当因果関係が認められない場合には、死亡後の生活費を控除することはできないとする。その理由として、被害者が死亡により生活費の支出を必要としなくなったことは、損害の原因と同一原因により生じたものということができず、両者は、損益相殺の法理またはその類推適用により控除すべき損失と利得との関係にないからであるという（最判平成八年五月三一日民集五〇巻六号一三二三頁）。

2　生命保険金　生命保険金は不法行為とは別個の契約に基づく給付であるから、それは、不法行為による損害賠償額から控除されるべきではない（最判昭和三九年九月二五日民集一八巻七号一五二八頁）。

3　火災保険金　火災保険金も不法行為とは別個の契約に基づく給付であるから、それは、不法行為による損害賠償額から控除されるべきではない（最判昭和五〇年一月三一日民集二九巻一号六八頁）。

4　搭乗者保険金　自動車に搭乗中、交通事故により死亡した者の相続人が受領したいわゆる搭乗者傷害保険の死亡保険金は、右相続人の損害額から控除すべきではないとされる（最判平成七年一月三〇日民集四九巻一号二一一頁）。搭乗者保険金は、被保険自動車に搭乗する機会の多い保険契約者や家族等を保護するためのものであって、被保険者が被った損害を塡補する性質を有するものではないことを理由とする。

5　遺族年金　不法行為により死亡した者の相続人が、一方で、損害賠償請求権を相続によって取得し、他方で、死亡を原因とする遺族年金を得るのは、利益の二重取りになるとみて、損益相殺により、遺族年金分を損害賠償額から控除すべきであろうか、それとも遺族年金は不法行為とは別個の契約関係等に基づいて給付されるべきものだから、損益相殺の対象とならないと解すべきであろうか。非控除説も成り立ちうるが、判例は控除説の立場である。ただし、すでに給付が確定した年金額のみを控除し、将来の未確定の年金額は控除しないとしている。すなわち、地方公務員等共済組合法（昭和六〇年法律第一〇八号による改正前のもの）の規定に基づく退職年金の受給者が不法行為によって死亡した場合に、その相続人が被害者の死亡を原因として同法の規定に基づく遺族年金受給権を取得したときは、支給を受けることが確定した遺族年金の額の限度で、これを加害者の賠償すべき損害額から控除すべきであるとしている（最大判平成五年三月二四日民集四七巻四号三〇三九頁・基本判例319）。

五　損害賠償請求権の消滅時効

Aが Bに暴力を加え、Bが損害賠償を請求できるというときに、その損害賠償請求権の消滅時効の期間はどうであろうか。みなさんは、民法総則で述べた消滅時効を覚えているだろう（2一五九以下参照）。一六七条一項は、債権は、一〇年間行使しないときは消滅する、と定めており、その起算点については、一六六条一項は、消滅時効は、権利を行使することができる時から進行すると定めている。しかし、不法行為については特則がある。すなわち、不法行為による損害賠償の請求権は、被害者またはその法定代理人が損害および加害者を知った時から三年間行使しないときは、時効によって消滅する（七二四条前段）。一〇年が短期三年に短縮されているわけである。なぜだろうか。不法行為の被害者は、確かに被害者感情をもつが、三年も経てばそうした感情もおさまるのではないか、こうした被害者感情が薄らぐことからもあまり長期にわたって請求権を認める必要はないということで、短期の時効期間が定められている（この被害者感情の理由に加えて、不法行為では三年も経つと、事故の詳細についての記憶が曖昧となったり、証拠が散逸してしまったりするだろうということも理由にあげられることが多い）。

一九一　三年の消滅時効

不法行為による損害賠償請求権の消滅時効期間が三年といったが、その支払が遅延した場合に生じる遅延損害金はどうだろうか。判例は、一般の債権の消滅時効として一〇年となるのではなく、この遅延損害金の債権も、三年の時効により消滅するとしている（大連判昭和一一年七月一五日民集一五巻一四四五頁)。基本となる債権が三年の短期消滅時効なのに、その不履行に基づく遅延賠償金の債権だけが一〇年の時効で残るというのは、短期の時効を認めた趣旨からみて妥当ではないし、理論的にも、遅延損害金の債権は、本来は、その基本である損害賠償債権の拡張というべきだからである。

こうして、不法行為については、短期三年の時効が定められているわけだが、今日では、三年はあまりに短く、それを形式的に貫くことは被害者に酷な結果となり、被害者保護という不法行為法の精神に反することになることがある。そこで判例は、以下に述べるように、その起算点をできるだけ遅らせるなどの配慮をして、時効の完成を認めない方向で努力している。

一八〇　三年の消滅時効の起算点　もう一度、三年の時効の起算点を確認しておこう。三年の時効の起算点は、被害者が損害および加害者を知った時である(七二四条前段)。この「損害及び加害者を知った時」とはいつをいうかが問題であるが、それを確実に知った時とすべきである。判例も、「加害者に対する賠償請求が事実上可能な状況のもとに、その可能な程度にこれを知った時」を意味するとして厳格に解している(最判昭和四八年一一月一六日民集二七巻一〇号一三七四頁)。この判例は、被害者が加害者の「姓(石塚)」は知っていたが、その「名(吉二郎)」や住所を知らず、二〇年近くかけて探してようやくそれが分かったという事件で、被害者が加害者の「名」と住所をつきとめ、確認した時に初めて「加害者を知った時」にあたるとしたものである(加害行為から一九年一一か月も経過していたが、まだ三年の消滅時効は完成していないとしたのである)。また、判例は、「損害を知った時」についても、同様の法理を述べつつ、被害者が損害の発生を現実に認識した時を起算点とすべきであるとしている（最判平成一四年一月二九日民集五六巻一号二一八頁）。単に損害発生の可能性があることを認識できたとか、少し調査すれば分かったはずだというのでは、だめだということである。とはいえ、損害の発生を現実に認識していればよく、その損害の額や程度まで具体的に認識したことは必要ではない。

いくつか判例をあげておこう。

交通事故で傷害を受けた人に、事故時から三年を経過した後に後遺症が発生したという場合に、判例は、後遺症が確定的に分かった時に損害を知ったのであり、したがって事故の時ではなくて後遺症発生の時を起算点として時効が進行するとしている（最判昭和四二年七月一八日民集二一巻六号一五五九頁）。ここで後遺症発生の時といったが、正確にいえば、後遺障害が顕在化した時ではなく、その症状が固定した時から消滅時効が進行すると解されている（最判平成一六年一二月二四日判時一八八七号五二頁）。

夫婦の一方（妻）がその配偶者（夫）と第三者との同棲により第三者に対して取得する慰謝料請求権の消滅時効は、右夫婦の一方（妻）がその同棲関係を知った時から、それまでの間の慰謝料請求権につき進行する（最判平成六年一月二〇日判時一五〇三号七五頁）。時効の起算点を同棲関係の解消時点ではなく、同棲関係を知った時点としたのは、その時点で妻は慰謝料請求権を行使できるからである。

土地の不法占拠とか、日照妨害・騒音被害のように、加害行為が継続して行われているような継続的不法行為の場合には、被害者が損害を「最初に」知った時から全損害についての時効が進行するというべきだろうか。古い判例はそのように解していた（一律進行説）。しかし、不法行為は継続しているのに、賠償請求ができなくなるのは不当・不都合だろう。そこで、判例は変更され、不法行為が継続して行われ、そのために損害も継続して発生する場合には、損害の継続発生する限り日々新しい不法行為に基づく損害として、各損害を知った時から別個に消滅時効が進行するとされた（大連判昭和一五年一二月一四日民集一九巻二三二五頁・基本判例320）。継続的不法行為では、日々別個の損害が発生し、それぞれ別個に消滅時効が進行するという考え方（別個進行説）がとられているわけである。前述の同棲関係とは異なる結論になっているように思われるが、考えてみてほしい。

なお、炭坑労務に従事していたことにより肺のなかに粉じんが入って、じん肺という疾患にかかった被害者が雇っていた会社に対して損害賠償を求めた事案について、雇用契約上の付随義務としての安全配慮義務の不履行に基づく損害賠償請求権の消滅時効期間は、民法一六七条一項の一〇年とし、この一〇年の消滅時効は、じん肺法所定の管理区分についての最終の行政上の決定を受けた時から進行するとされた（最判平成六年二月二二日民集四八巻二号四四一頁・基本判例321）。この判例を理解するために、少し説明が必要だろう。じん肺という病気は、だんだんと病状が重くなる特異な進行性の病気であるが、このじん肺に罹患した事実は、その旨の行政上の決定で認められるのだが、その病気の重さに従って管理区分（管理一・管理二・管理三（イ）・管理三（ロ）・管理四）に分けて認定・決定されることになっている。こうしてだんだん症状が重くなることが認定されるじん肺については、いちばん重い決定がされた時が消滅時効の起算点とされたわけである。管理区分が異なれば、損害が異質であるという見方である。その後の判例で、死亡してしまった場合には、死亡の時から損害賠償請求権の消滅時効が進行するとされた（最判平成一六年四月二七日判時一八六〇号一五二頁）。

使用者責任（七一五条）を問う場合において、加害者を知るというのは、被害者が使用者ならびに使用者と不法行為者との間に使用関係がある事実に加えて、一般人が当該不法行為が使用者の事業の執行についてされたものと判断するに足る事実をも認識することであるとされる（最判昭和四四年一一月二七日民集二三巻一一号二二六五頁）。

一八二　二〇年除斥期間

さて、次は、七二四条後段の二〇年のほうをみておこう。この二〇年の期間は、消滅時効期間と解する学説も有力であるが、除斥期間とみるのが通説・判例である（最判平成元年一二月二一日民集四三巻一二号二二〇九頁）。除斥期間については、民法総則で説明したが（2一七二参照）、確定的に権利を行使しうる期間を意味している。したがって、不法行為の時から二〇年を限度とし、その中で三年の時効が進行する。判例は、除斥期間だからという理由で、その期間の経過により、信義則違反・権利濫用の主張がおよそ排斥されるとするが（最判平成元年一二月二一日民集四三巻一二号二二〇九頁・基本判例322）、それは疑問である。

もっとも、二〇年の期間は、常に絶対に確定的なものとはいえず、例外的に伸長されることがある。判例に、予防接種禍事件というのがある。生後五か月のときに受けた集団予防接種により、知能障害・運動障害となり、寝たきりの状態になった者が、予防接種から二二年後に損害賠償請求の訴えをおこしたというものである。除斥期間の二〇年は経過しているわけだが、判例では、不法行為の時から二〇年を経過する前六か月内において被害者が右不法行為を原因として心神喪失の常況にあるのに法定代理人を有しなかった場合には、その後被害者が禁治産宣告（現、後見開始の審判）を受け、後見人が就職時から六か月内に右不法行為による損害賠償請求権を行使したときは、時効の停止に関する一五八条の法意に照らし、七二四条後段の効果は生じないとした（最判平成一〇年六月一二日民集五二巻四号一〇八七頁・基本判例68。同様に、一六〇条の法意から、損害賠償請求権の消滅を認めなかったものとして、最判平成二一年四月二八日民集六三巻四号八五三頁・基本判例322の2）。本来時効の停止の規定である一五八条や一六〇条の法意から、二〇年の除斥期間の完成を認めなかったわけである。

公害や商品の欠陥等による損害については、損害が顕在化するのに年月を要するので、二〇年の除斥期間の起算点の「不法行為の時」というのを損害発生時とみるべきではないかという問題が論じられる。特別法では明文で、これを認めるものがある（製造物五条二項、鉱業一一五条二項、大気汚染二五条の四、水質汚濁二〇条の三）。さきほど、じん肺の説明をしたが、こうした蓄積進行性ないし遅発性の健康被害による損害類型に関しては、損害発生時をもって起算点と解すべきだと解されている（損害発生時説）。近時のじん肺訴訟事件で、こうした考え方が採用された（最判平成一六年四月二七日民集五八巻四号一〇三二頁・基本判例321の2）。水俣病の場合にも、同一の法理が踏襲され、水俣病では、加害行為の終了の時から相当期間経過後が除斥期間の起算点となる旨が示され、水俣湾周辺地域から他の地域へ転居した人については、その転居した時点が加害行為の終了した時点であり、その転居から遅くとも四年間を経過した時点が除斥期間の起算点となるとされた（最判平成一六年一〇月一五日民集五八巻七号一八〇二頁）。いずれも「不法行為の時」を形式的な「加害行為の時」とせずに、被害者の保護を図る解釈がされていることを知ってほしい。

事 項 索 引

① 配列は50音順。
② 数字は頭柱番号を示す。

あ 行

か 行

さ 行

た 行

な　行

は　行

ま 行

や 行

ら 行

判例索引

① 言渡日付順。
② 数字は頭柱番号を示す。
③ ＊印の判例は民法基本判例集に登載のものである。

大判 明治 32・12・25 民録 5-11-118 ……5
大判 明治 36・5・12 民録 9-589 ……51
大刑判 明治 36・10・1 刑録 9-1425 ……107
大判 明治 36・10・22 民録 9-1117 ……5
大判 明治 37・5・12 民録 10-666 ……9
大判 明治 37・9・27 民録 10-1181 ……44
大判 明治 38・12・8 民録 11-1665 ……102
大判 明治 39・10・11 民録 12-1236 ……37
大判 明治 41・5・9 民録 14-546 ……47
大判 明治 41・6・15 民録 14-723 ……8
大判 明治 42・2・27 民録 15-171 ……47
大判 明治 44・5・24 民録 17-330 ……24
＊大連判 明治 45・3・23 民録 18-315 ……58
大判 大正元・12・6 民録 18-1022 ……86
＊大判 大正 2・4・26 民録 19-281 ……92
大判 大正 3・6・15 民録 20-476 ……43
大判 大正 3・7・1 民録 20-570 ……23, 30
大判 大正 3・7・4 刑録 20-1360 ……63
＊大判 大正 3・10・29 民録 20-824 ……92
大判 大正 4・4・29 民録 21-606 ……79
大判 大正 4・5・1 民録 21-630 ……90
大判 大正 4・6・12 民録 21-924 ……49
大判 大正 4・6・15 民録 21-939 ……173
大判 大正 5・2・16 民録 22-134 ……31
大判 大正 5・2・29 民録 22-172 ……5
大判 大正 5・3・17 民録 22-476 ……5
大判 大正 5・6・1 民録 22-1121 ……48

大判 大正5・6・1民録22-1088 ……86
＊大判 大正5・12・22民録22-2474 ……57,123
大判 大正6・2・22民録23-212 ……76
＊大判 大正6・2・28民録23-292 ……29
大判 大正6・3・31民録23-619 ……8
大判 大正6・12・11民録23-2075 ……42
大判 大正7・7・10民録24-1432 ……5,9
大判 大正7・12・7民録24-2310 ……30
大判 大正7・12・19民録24-2367 ……10
＊大判 大正8・3・3民録25-356 ……123
大判 大正8・4・18民録25-574 ……5
大判 大正8・6・26民録25-1154 ……5,6
大判 大正8・9・15民録25-1633 ……47
大判 大正8・10・20民録25-1890 ……24,25
大判 大正8・11・22民録25-2068 ……92
大判 大正9・5・12民緑26-652 ……26
大判 大正9・6・15民録26-884 ……172
大判 大正9・11・26民録26-1911 ……175
大判 大正12・2・21民集2-56 ……37
大判 大正12・12・12民集2-668 ……50
大判 大正13・6・19民集3-295 ……86
＊大判 大正14・11・28民集4-670 ……63
＊大判 大正15・2・16民集5-150 ……156
大判 大正15・2・23民集5-104 ……56
大判 大正15・3・3新聞2598-14 ……35
＊大連判 大正15・5・22民集5-386 ……150
大判 大正15・9・28刑集5-387 ……7
＊大判 大正15・10・13民集5-785 ……77
大判 昭和2・5・30新聞2702-5 ……167
大判 昭和3・1・30民集7-12 ……5
大判 昭和3・6・7民集7-443 ……87
大判 昭和3・8・3刑集7-533 ……101
大判 昭和4・3・3民集8-349 ……56

大判 昭和6・4・22 民集 10-217 ……44
大判 昭和6・10・3 民集 10-851 ……5
大判 昭和7・4・11 民集 11-609 ……88
大判 昭和7・4・23 民集 11-689 ……42
*大判 昭和7・10・6 民集 11-2023 ……148,169
*大判 昭和7・10・26 民集 11-1920 ……37
大判 昭和8・2・23 新聞 3531-8 ……37
大判 昭和8・3・29 民集 12-518 ……49
大判 昭和8・4・24 民集 12-1008 ……5
大判 昭和8・6・8 新聞 3573-7 ……101
大判 昭和8・10・24 民集 12-2580 ……44
大判 昭和8・11・21 民集 12-2667 ……37
大判 昭和11・1・17 民集 15-101 ……28
大判 昭和11・5・13 民集 15-861 ……168
大判 昭和11・7・8 民集 15-1350 ……32
大連判 昭和11・7・15 民集 15-1445 ……179
大判 昭和12・5・14 民集 16-618 ……175
大判 昭和12・6・30 民集 16-1285 ……82
大判 昭和13・5・24 民集 4-1063 ……56
*大連判 昭和15・12・14 民集 19-2325 ……180
大判 昭和16・4・19 新聞 4707-11 ……42
大判 昭和16・10・25 民集 20-1313 ……31
大判 昭和17・8・6 民集 21-850 ……5,9
大判 昭和18・12・22 新聞 4890-3 ……31
*最判 昭和26・2・13 民集 5-3-47 ……5
最判 昭和27・3・18 民集 6-3-325 ……47
最判 昭和28・1・22 民集 7-1-56 ……51
最判 昭和28・5・8 民集 7-5-561 ……51
最判 昭和28・6・16 民集 7-6-629 ……34
*最判 昭和29・8・31 民集 8-8-1557 ……50
最判 昭和30・5・13 民集 9-6-679 ……40
*最判 昭和30・10・7 民集 9-11-1616 ……47
*最判 昭和30・12・22 民集 9-14-2047 ……77,113

＊最大判 昭和 31・7・4 民集 10-7-785 ……………………………103
最判 昭和 31・7・20 民集 10-8-1059 ……………………………102
最判 昭和 31・7・20 民集 10-8-1079 ……………………………173
最判 昭和 31・11・30 民集 10-11-1502 ……………………………83
最判 昭和 31・12・18 民集 10-12-1559 ……………………………87
最判 昭和 32・1・31 民集 11-1-170 ……………………………150
最判 昭和 32・3・20 民集 11-3-543 ……………………………92
最判 昭和 32・4・16 民集 11-4-638 ……………………………21
最判 昭和 32・4・30 民集 11-4-646 ……………………………78
最判 昭和 32・7・16 民集 11-7-1254 ……………………………77
＊最判 昭和 33・8・5 民集 12-12-1901 ……………………………169
最判 昭和 34・11・26 民集 13-12-1573 ……………………………174
最判 昭和 35・9・16 民集 14-11-2209 ……………………………47
最判 昭和 35・9・20 民集 14-2-2227 ……………………………30
＊最判 昭和 36・2・16 民集 15-2-244 ……………………………57,112
＊最判 昭和 36・11・30 民集 15-10-2629 ……………………………9
＊最判 昭和 37・2・1 民集 16-2-143 ……………………………90
最判 昭和 37・2・27 民集 16-2-407 ……………………………60,72
最判 昭和 37・3・8 民集 28-3-500 ……………………………47
最判 昭和 37・4・26 民集 16-4-975 ……………………………86
最判 昭和 37・5・25 民集 16-5-1195 ……………………………51
最判 昭和 37・6・12 民集 16-7-1305 ……………………………47
＊最判 昭和 37・11・8 民集 16-11-2216 ……………………………86
最判 昭和 37・11・8 民集 16-11-2255 ……………………………77
最判 昭和 37・12・14 民集 16-12-2368 ……………………………76
最判 昭和 37・12・14 民集 16-12-2407 ……………………………116
最判 昭和 38・11・5 民集 17-11-1510 ……………………………56
＊最判 昭和 38・12・24 民集 17-12-1720 ……………………………39
最判 昭和 39・1・16 民集 18-1-1 ……………………………100,101
＊最判 昭和 39・1・28 民集 18-1-136 ……………………………100,166
＊最判 昭和 39・2・11 民集 18-2-315 ……………………………115
＊最大判 昭和 39・6・24 民集 18-5-854 ……………………………173
＊最判 昭和 39・6・24 民集 18-5-874 ……………………………156,160

最判 昭和 39・9・25 民集 18-7-1528 ……178
東京地判 昭和 39・9・28 下民集 15-9-2317 ……110
最判 昭和 40・4・16 判時 405-9 ……119
最判 昭和 40・9・24 民集 19-6-1668 ……90
最判 昭和 40・12・17 民集 19-9-2178 ……49
最判 昭和 40・12・21 民集 19-9-2221 ……42
*最判 昭和 41・6・23 民集 20-5-1118 ……102
*最判 昭和 41・11・18 民集 20-9-1886 ……98
最判 昭和 42・3・31 民集 21-2-475 ……25
最判 昭和 42・5・30 民集 21-4-961 ……80
*最判 昭和 42・6・27 民集 21-6-1507 ……174
最判 昭和 42・6・30 民集 21-6-1521 ……79
最判 昭和 42・7・18 民集 21-6-1559 ……180
*最大判 昭和 42・11・1 民集 21-9-2249 ……167
*最判 昭和 42・11・2 民集 21-9-2278 ……77
最判 昭和 42・11・10 民集 21-9-2352 ……164
最判 昭和 43・2・9 判時 510-38 ……60
*最判 昭和 43・4・23 民集 22-4-964 ……92,95
最判 昭和 43・6・27 民集 22-6-1415 ……30
最判 昭和 43・8・2 民集 22-8-1525 ……159
最判 昭和 43・8・27 民集 22-8-1704 ……157
最判 昭和 43・9・27 民集 22-9-2020 ……77
最判 昭和 43・10・3 判時 540-38 ……153
*最大判 昭和 43・11・13 民集 22-12-2526 ……42
*最判 昭和 43・11・15 民集 22-12-2614 ……151
最判 昭和 44・2・6 民集 23-2-195 ……73,112
*最判 昭和 44・2・27 民集 23-2-441 ……154
*最判 昭和 44・2・28 民集 23-2-525 ……153
*最判 昭和 44・9・26 民集 23-9-1727 ……50,53,107
最判 昭和 44・11・27 民集 23-11-2265 ……180
最大判 昭和 44・12・24 刑集 23-12-1625 ……108
*最判 昭和 45・7・16 民集 24-7-909 ……27
最判 昭和 45・8・20 民集 24-9-1268 ……89,119

＊最大判 昭和 45・10・21 民集 24-11-1560 ……………………49,52
＊最判 昭和 45・12・18 民集 24-13-2151 ……………………102
最判 昭和 46・4・9 民集 25-3-241 ……………………33
＊最判 昭和 46・4・23 民集 25-3-351 ……………………86,121
最判 昭和 46・6・29 民集 25-4-650 ……………………153
富山地判 昭和 46・6・30 判時 635-17 ……………………73,124
＊新潟地判 昭和 46・9・29 下民集 22-9=10-1 ……………………73,125
最判 昭和 46・9・30 判時 646-47 ……………………82
＊最判 昭和 46・10・28 民集 25-7-1069 ……………………49
最判 昭和 46・11・30 民集 25-8-1389 ……………………83
＊最判 昭和 47・5・30 民集 26-4-898 ……………………118
津地四日市支判 昭和 47・7・24 判時 672-30 ……………………126
名古屋高金沢支判 昭和 47・8・9 判時 674-25 ……………………73,124
＊最判 昭和 47・9・7 民集 26-7-1327 ……………………34
最判 昭和 47・11・16 民集 26-9-16633 ……………………102
最判 昭和 48・2・16 民集 27-1-99 ……………………96
熊本地判 昭和 48・3・20 判時 696-15 ……………………127
名古屋地判 昭和 48・3・30 判時 700-3 ……………………119
最判 昭和 48・4・5 民集 27-3-419 ……………………170
＊最判 昭和 48・6・7 民集 27-6-681 ……………………149
最判 昭和 48・11・16 民集 27-10-1374 ……………………180
最判 昭和 48・12・20 民集 27-11-1611 ……………………115
＊最判 昭和 49・3・22 民集 28-2-347 ……………………62
最判 昭和 49・4・15 民集 28-3-385 ……………………153
＊最判 昭和 49・4・25 民集 28-3-447 ……………………153
最判 昭和 49・7・19 民集 28-5-872 ……………………156,161
＊最判 昭和 49・9・26 民集 28-6-1243 ……………………24,25
名古屋高判 昭和 49・11・20 高民集 27-6-395 ……………………119
＊最判 昭和 49・12・17 民集 28-10-2040 ……………………167,169
最判 昭和 50・1・30 民集 29-1-1 ……………………77
最判 昭和 50・1・31 民集 29-1-68 ……………………178
＊最判 昭和 50・2・25 民集 29-2-143 ……………………146
最判 昭和 50・7・25 民集 29-6-1136 ……………………89

＊最判 昭和 50・10・24 民集 29-9-1417 ……73,112
最判 昭和 51・3・25 民集 30-2-160 ……174
東京地判 昭和 51・6・29 判時 817-23 ……109
＊最判 昭和 51・7・8 民集 30-7-689 ……81
最判 昭和 51・9・30 民集 30-8-816 ……112
最判 昭和 52・10・10 判時 871-29 ……175
最判 昭和 53・7・4 民集 32-5-809 ……89
東京地判 昭和 53・8・3 判時 899-48 ……135
＊最判 昭和 53・10・20 民集 32-7-1500 ……158
＊最判 昭和 54・3・30 民集 33-2-303 ……66
名古屋地判 昭和 55・9・11 判時 976-40 ……130
最判 昭和 56・4・14 民集 35-3-620 ……110
＊最判 昭和 56・11・27 民集 35-8-1271 ……76
＊最大判 昭和 56・12・16 民集 35-10-1369 ……64,89,130
最判 昭和 56・12・22 民集 35-9-1350 ……164
最判 昭和 57・3・4 判時 1042-87 ……96
最判 昭和 57・3・30 判時 1039-66 ……112
最判 昭和 59・1・26 民集 38-2-53 ……89
最判 昭和 59・10・9 判時 1140-78 ……162
最判 昭和 59・11・29 民集 38-11-1260 ……89
最判 昭和 59・12・21 判時 1145-46 ……86
＊最判 昭和 60・3・26 民集 39-2-124 ……112
名古屋高判 昭和 60・4・12 下民集 34-1～4-461 ……130
＊最大判 昭和 61・6・11 民集 40-4-872 ……104
最判 昭和 62・1・19 民集 41-1-1 ……160
最判 昭和 62・2・6 判時 1232-100 ……83
最判 昭和 62・4・24 民集 41-3-490 ……105
最判 昭和 63・1・26 民集 42-1-1 ……68
＊最判 昭和 63・2・16 民集 42-2-27 ……109
＊最判 昭和 63・4・21 民集 42-4-243 ……177
最判 昭和 63・7・1 民集 42-6-451 ……98
最判 平成元・4・11 民集 43-4-209 ……175
＊最判 平成元・12・21 民集 43-12-2209 ……181

最判 平成元・12・21 民集 43-12-2252 ……102
最判 平成 2・12・13 民集 44-9-286 ……89
最判 平成 3・3・22 民集 45-3-322 ……30
横浜地判 平成 3・3・25 判時 1395-105 ……88
最判 平成 3・10・25 民集 45-7-273 ……98
＊最判 平成 3・11・19 民集 45-8-1209 ……37,40
東京高判 平成 3・11・26 判時 1408-82 ……88
最判 平成 4・3・3 判時 1453-125 ……89
最判 平成 4・6・8 判時 1450-70 ……112
＊最判 平成 4・6・25 民集 46-4-400 ……177
東京高判 平成 4・12・17 判時 1453-35 ……89
＊最大判 平成 5・3・24 民集 47-4-3039 ……178
最判 平成 5・3・27 判時 1469-32 ……89
最判 平成 5・3・30 民集 47-4-3226 ……89
東京地判 平成 5・7・26 判時 1488-116 ……88
最判 平成 5・9・21 判時 1476-120 ……162
最判 平成 6・1・30 判時 1503-75 ……180
最判 平成 6・2・8 民集 48-2-149 ……102
＊最判 平成 6・2・22 民集 48-2-441 ……180
最判 平成 6・10・27 判時 1514-28 ……89
最判 平成 6・11・24 判時 1514-82 ……96
＊最判 平成 7・1・24 民集 49-1-25 ……60
最判 平成 7・1・30 民集 49-1-211 ……178
最判 平成 7・6・9 民集 49-6-1499 ……112
最判 平成 7・7・7 民集 49-7-2599 ……64,130
最判 平成 7・9・5 判時 1546-115 ……101
＊最判 平成 7・9・19 民集 49-8-2805 ……27
最判 平成 8・1・23 民集 50-1-1 ……112
最判 平成 8・3・26 民集 50-4-993 ……66
＊最判 平成 8・4・25 民集 50-5-1221 ……165
最判 平成 8・5・28 民集 50-6-1301 ……153
最判 平成 8・5・31 民集 50-6-1323 ……165,178
最判 平成 8・7・12 民集 50-7-1477 ……89

＊最判 平成 8・10・29 民集 50-9-2474 ……177
＊最判 平成 8・12・17 民集 50-10-2778 ……30
＊最判 平成 9・1・28 民集 51-1-78 ……163
最判 平成 9・4・24 判時 1618-48 ……53
最判 平成 9・7・11 民集 51-6-1573 ……145
最判 平成 9・9・9 民集 51-8-3804 ……102
最判 平成 9・9・9 判時 1618-63 ……174
最判 平成 9・10・31 民集 51-9-3962 ……116
最判 平成 9・11・27 判時 1626-65 ……115
最判 平成 9・12・8 民集 51-10-4241 ……101
最判 平成 9・12・18 民集 51-1-241 ……100
最判 平成 10・1・30 判時 1631-68 ……102
最判 平成 10・4・30 判時 1646-162 ……56
最判 平成 10・5・26 民集 52-4-895 ……21
＊最判 平成 10・6・12 民集 52-4-1087 ……181
＊最判 平成 10・9・10 民集 52-6-1494 ……96
最判 平成 11・1・29 判時 1675-85 ……97
最判 平成 11・2・25 判時 1668-60 ……73
＊最判 平成 11・12・20 民集 53-9-2038 ……165
最判 平成 12・1・27 判時 1703-131 ……101
＊最判 平成 12・2・29 民集 54-2-582 ……100, 112
＊最判 平成 12・3・24 民集 54-3-1155 ……177
最判 平成 12・9・22 民集 54-7-2574 ……73
＊最判 平成 13・3・13 民集 55-2-328 ……92, 97
最判 平成 14・1・29 民集 56-1-218 ……180
＊最判 平成 14・9・24 判時 1802-60 ……110
東京地判 平成 14・12・13 判時 1805-14 ……139
最判 平成 15・7・11 民集 57-7-815 ……97
最判 平成 15・9・12 民集 57-8-973 ……110
最判 平成 15・11・14 民集 57-10-1561 ……144
最判 平成 16・2・13 民集 58-2-311 ……109
最判 平成 16・4・27 判時 1860-152 ……180
＊最判 平成 16・4・27 民集 58-4-1032 ……181

最判 平成 16・5・25 民集 58-5-1135 ……110
最判 平成 16・10・15 民集 58-7-1802 ……181
最判 平成 16・12・24 判時 1887-52 ……180
最判 平成 17・7・11 判時 1811-97 ……23
福岡高判 平成 17・8・9 判タ 1209-211 ……158
最判 平成 18・2・14 判時 1946-46 ……3
＊最判 平成 18・3・30 民集 60-3-948 ……63
最判 平成 19・1・25 民集 61-1-1 ……83
最判 平成 19・2・13 民集 61-1-182 ……40
最判 平成 19・3・8 民集 61-2-479 ……32
最判 平成 19・4・24 判時 1970-54 ……174
最判 平成 19・7・6 民集 61-5-1769 ……144
最判 平成 19・7・13 民集 61-5-1980 ……40
札幌高判 平成 20・4・18 自保ジャーナル 1819-6 ……158
最判 平成 20・6・14 民集 62-6-1488 ……47
最判 平成 20・6・24 判時 2014-68 ……47
＊最判 平成 21・4・28 民集 63-4-853 ……181
東京高判 平成 21・5・14 判時 2066-54 ……141
最判 平成 21・11・9 民集 62-9-1987 ……40
最判 平成 22・3・2 判時 2076-44 ……119
最判 平成 22・3・15 刑集 64-2-1 ……102
最判 平成 24・2・2 民集 66-2-89 ……109

著者紹介

川井　健（かわい　たけし）

昭和２年広島市に生まれる。昭和28年東京大学卒業，北海道大学助教授・教授，一橋大学教授・学長を経て，一橋大学名誉教授。平成25年５月逝去。

補筆者紹介

良永　和隆（よしなが　かずたか）

昭和32年宮崎市に生まれる。昭和62年一橋大学大学院博士課程修了，専修大学法科大学院教授。

民法案内13　事務管理・不当利得・不法行為

2014年８月23日　第１版第１刷発行

著　者　川《かわ》　井《い》　　健《たけし》

補筆者　良《よし》　永《なが》　和《かず》　隆《たか》

発行者　井　村　寿　人

発行所　株式会社　勁《けい》　草《そう》　書　房

112-0005　東京都文京区水道２-１-１　振替　00150-2-175253

（編集）電話　03-3815-5277／FAX　03-3814-6968

（営業）電話　03-3814-6861／FAX　03-3814-6854

堀内印刷所・中永製本

ISBN978-4-326-49839-0　Printed in Japan